ABBÉ PLANEIX

CHANOINE HONORAIRE

SUPÉRIEUR DES MISSIONNAIRES DIOCÉSAINS DE CLERMONT

QUESTIONS

RELIGIEUSES ET SOCIALES

DU TEMPS PRÉSENT

LE DÉCOURAGEMENT DES CATHOLIQUES

L'APATHIE DES CATHOLIQUES — LE SENSUALISME CONTEMPORAIN

L'OR — RICHES ET PAUVRES

PATRONS ET OUVRIERS — MAITRES ET SERVITEURS

PARIS

LIBRAIRIE P. LETHIELLEUX

10, RUE CASSETTE, 10

QUESTIONS
RELIGIEUSES ET SOCIALES

DU TEMPS PRÉSENT

DU MÊME AUTEUR

Divinité de l'Église, un vol. in-12. . . . . 3 50

Constitution de l'Église, un vol. in-12. . . . . 3 50

L'Église et l'État, un vol. in-12 (*sous presse*). . . . 3 50

Vie de M. l'abbé Randanne, un vol. in-12. . . . 3 50

L'Apostolat laïque, in-12 (3e édition). . . . . » 75

Une Œuvre d'étudiants à Paris, in-12. . . . . » 75

Le bienheureux Chanel, in-12 (2e édition) . . . . . » 75

L'Église et la France, in-12 (2e édition). . . . . . . » 75

Notre-Dame de l'Arbre, histoire et légende, in-12. . » 75

Le Culte de Marie dans le diocèse de Clermont,
in-12. . . . . » 60

L'Abstention religieuse dans le temps présent, in-12
(3e édition). » 60

Cet ouvrage a été déposé en juillet 1903.

C'est pourquoi nous publions ces pages, laissant à Dieu le soin d'utiliser ou non pour sa gloire notre bonne volonté. S'Il daigne faire qu'elles portent en quelques âmes un peu de lumière et de force, qu'elles les décident à aimer davantage l'Église, à la mieux servir, à se tenir en garde contre les injustes attaques et les reproches amers dont elle a tant à souffrir, à la défendre avec courage et charité, nous serons amplement récompensé des fatigues de notre travail et consolé de ses imperfections.

Clermont, 19 juillet 1903.

LE DÉCOURAGEMENT

DES CATHOLIQUES

DANS LA DÉFENSE ACTUELLE DE L'ÉGLISE

LE DÉCOURAGEMENT
DES CATHOLIQUES

Un jour, à Rome, après les débuts de son apostolat, l'apôtre Pierre, au témoignage d'une tradition célèbre, fut pris de découragement.

La persécution de Néron sévissait, acharnée, horrible, défiant toutes les cruautés des siècles à venir : on poussait les chrétiens au cirque, pêle-mêle, sous la dent des bêtes affamées; on les allumait comme des torches effroyables pour éclairer les jardins de la colline Vaticane. Une multitude avait péri. Il restait à peine quelques vieillards incapables de supporter les fatigues de l'apostolat, des femmes dont les bourreaux pensaient avoir facilement raison, des enfants dont la mémoire molle aurait vite perdu la trace des divins enseignements.

Alors l'apôtre, sans appui, faible, illettré, avancé en âge, voyant ce qu'on avait fait et ce qu'on méditait de faire, sentit les bras lui tomber de lassitude. Suivi d'un seul compagnon, au matin, il quitta Rome à la dérobée et il se mit en fuite vers la Campanie.

Quand il eut passé les portes de la ville, il vit soudain une clarté qui s'avançait vers lui, et, dans une lumière toute céleste, il reconnut Jésus.

A ce spectacle, à la fois ravi et frappé de stupeur, il se jeta à genoux, les mains tendues, le front contre terre, comme s'il eût baisé des pieds invisibles.

Puis la voix du vieillard s'éleva, brisée de sanglots : « *Quo vadis, Domine?* Maître, où allez-vous?

— Puisque tu abandonnes la lutte, répondit tristement Jésus, je vais à Rome, pour qu'une fois encore on m'y crucifie. »

Atterré, confus, le vieil apôtre se leva; il reprit dans ses mains tremblantes son bâton de pèlerin, et, sans parler, se retourna et fit face aux sept collines.

Il rentra dans Rome, où, voué plus tard au supplice de la croix, il ne demanda aux bourreaux qu'une grâce, celle d'être crucifié la tête en bas, ne se sentant pas digne de mourir comme Jésus[1].

---

[1] SIENKIEWICZ, *Quo vadis?*

Nous sommes à une de ces heures obscures et douloureuses : une tentation de lassitude surgit dans les meilleures âmes, et beaucoup de baptisés, sans avoir les mêmes excuses que saint Pierre, ont les mêmes sentiments. Des adversaires triomphants disent bien haut que la religion est vaincue, qu'elle est en déroute, et qu'on s'attend d'une minute à l'autre à pouvoir prononcer sur elle la parole du licteur antique sur le gladiateur mort : *Actum est*, C'est fini ! Beaucoup de catholiques sont pris de peur : ils perdent de vue la nature de leur foi, ses destinées invincibles, pour n'envisager que les difficultés et les mécomptes de l'heure présente ; sans espérance, partant, sans courage, ils abandonnent la lutte et se retirent sous leurs tentes, dans leur égoïsme, dans l'abstention, dans leur tranquille vie bourgeoise ; ils prennent la fuite vers les plaines paisibles de je ne sais quelle Campanie, éperdus, plaintifs, découragés, jusqu'à ce qu'ils verront se dresser devant eux le Christ attristé et sévère.

Sans rien taire du mal qui est immense, ni des périls qui vont grossissant, je voudrais opposer un démenti fondé sur des chiffres et sur des faits à ceux qui se flattent d'avoir anéanti le catholicisme, particulièrement en France, et, du même coup, prêcher l'espérance et crier courage aux lutteurs abattus.

Le découragement, qui dans la vie publique, comme le suicide dans la vie privée, n'est qu'une des formes de la lâcheté humaine, est toujours répréhensible; quand il s'agit de la défense de l'Église, il est deux fois coupable.

Jésus-Christ le réprouve.

Les leçons du passé le condamnent.

Les spectacles du présent le font paraître illogique et injustifiable.

Le devoir des catholiques, ce n'est pas de se lamenter sur les tribulations présentes, ni d'attendre le salut d'un miracle; c'est de demeurer à leur poste de combat avec une confiance inébranlable dans l'avenir de l'Église, et de servir jusqu'au bout, sans défaillance, une cause qui ne peut pas être perdue.

I

Le découragement des catholiques n'est pas seulement une faiblesse coupable, qui atteste l'oubli ou l'inintelligence des promesses divines;

c'est un illogisme absolu, un non-sens ridicule, puisqu'ils savent de science certaine que la cause de leur foi est une cause imperdable.

Ce ne sont pas des affirmations quelconques, d'une autorité discutable, d'une efficacité douteuse, ces affirmations maintes fois tombées des lèvres de Jésus-Christ, et qui ont soutenu nos pères, qui ont ancré l'espérance dans leur cœur aux heures les plus sinistres. Pour la libre pensée, il est possible qu'elle ne veuille y voir que la parole d'un homme; pour les catholiques, c'est la parole d'un Dieu, qui ne trompe pas. Et de fait, l'accomplissement ponctuel de ces oracles a été à lui seul, jusqu'à ce jour, toute l'histoire du genre humain.

Ce n'est pas un homme, un savant, un politique, un conquérant, un homme enfin, c'est Dieu qui nous a dit : « Allez et enseignez les nations : voici que je suis avec vous jusqu'à la fin des siècles, » avec vous pour mettre dans votre faiblesse native une force invincible, avec vous pour vous servir de bouclier contre toutes les tentatives des puissants, avec vous pour entretenir dans votre vie, en apparence si fragile et si caduque, un germe d'immortalité.

Ce n'est pas un homme, un savant, un politique, un conquérant, un homme enfin, c'est

Dieu qui a dit : « Tu es Pierre ; sur toi je bâtirai mon Église ; et les portes de l'enfer ne prévaudront jamais contre elle, jamais, jamais, jamais. »

Ce n'est pas un homme, un puissant de ce monde, un habile, un savant, c'est Dieu qui nous a montré l'Église sous la figure d'une barque, que les flots en courroux portent au rivage au lieu de la submerger. Vous vous rappelez cet épisode : après une journée laborieuse d'apostolat sur les bords du lac de Tibériade, au soir, Jésus monte sur un bateau pour faire la traversée avec d'autres nacelles et d'autres passagers. Il se place sur la poupe de l'embarcation, se laisse tomber sur la planche nue, et, tout secoué par le tangage et par le roulis, la tête appuyée sur le pauvre coussin de cuir des bateliers, il s'endort d'un sommeil profond. Au bout de quelque temps de navigation facile, la flottille est assaillie tout à coup par une tempête furieuse. Les disciples prennent peur, perdent tout sang-froid, et bientôt, n'y tenant plus, ils appellent leur Maître endormi : « Sauvez-nous ; nous périssons ! » Alors Jésus se lève ; d'un geste superbe, avec une autorité souveraine, il commande à la tempête, et soudain il se fait un grand calme : les eaux se sont apaisées ; oublieuse de sa colère, la mer s'est couchée, souriante et docile, aux pieds du Maître.

Tous les siècles ont vu, et nous devons voir nous-mêmes l'image de l'Église dans cette barque que les flots ne peuvent pas submerger parce que Jésus est là. Aujourd'hui comme hier, comme toujours, en dépit des hésitations et des timidités instinctives qui nous font crier, nous aussi, au milieu de la tourmente : « Seigneur, nous périssons ! » Jésus est là. Il est là, et nous devons croire que le secours opportun, qui ne manqua jamais aux catholiques, ne nous manquera pas.

Ces flots vous porteront, hommes de peu de foi [1].

A la tourmente aiguë succédera une paix radieuse, quand les pouvoirs publics auront enfin compris qu'ils ne peuvent se passer de la religion, qu'ils n'ont pas à redouter ses empiétements, qu'elle est l'appui, non l'adversaire, de la liberté des peuples et de l'autorité des gouvernements ; quand il sera avéré qu'entre l'Église et la science, il peut y avoir des malentendus, mais qu'il ne peut pas y avoir de véritable conflit ; quand il sera clair jusqu'à l'évidence que l'Évangile est le guide de toutes les améliorations sociales et la charte des franchises de l'humanité. Quelque rage que fasse la tempête, la barque ne peut pas som-

[1] LAMARTINE, *Harmonies* (*les Révolutions*).

brer : c'est l'affirmation de Dieu. Qui en doute-rait? Au moment voulu, le divin pilote, qui paraît sommeiller, se réveillera; de sa grande voix, qui fut maîtresse des orages anciens, il apaisera les orages présents, comme il doit apai-ser jusqu'au dernier jour des siècles les plus loin-tains les orages futurs.

II

Les leçons qui se dégagent d'un passé de deux mille ans donnent aux promesses de Jésus un commentaire décisif, bien capable de convaincre les plus pessimistes que le découragement, dans la défense des intérêts religieux, est un sentiment déraisonnable et non justifié.

C'est notre tort, à nous, catholiques, de ne pas voir de quelle nature nous sommes, et de vouloir être dès maintenant, en France surtout, dit-on, de l'Église triomphante. Nous appartenons en ce monde à l'Église militante : son métier est de combattre, sa condition est de souffrir; mais sa destinée est de vaincre, malgré tous les pronostics contraires.

On ne compte plus depuis longtemps les triomphateurs éphémères qui prédirent les funérailles de l'Église, la veille de ses résurrections les plus glorieuses. Déjà, au IIIe siècle, Lactance écrivit tout un traité sur la mort des persécuteurs et sur l'insuccès de leurs entreprises. Ce livre, nous pourrons le compléter quand nous voudrons; chaque siècle y ajoute des pages immortelles et voit les événements apporter de nouveaux démentis à ceux qui ont prononcé sur l'Église cette prophétie : C'est fini !

Après Pilate, quand on eut mis le Christ au tombeau et scellé la pierre avec le sceau de l'État, on croyait et on disait que c'était fini.

Au temps des persécutions, alors que le glaive s'émoussait à frapper sur le cou des chrétiens et qu'un empereur romain faisait élever une colonne avec cette inscription : *Deleto nomine christiano,* on croyait et on disait que c'était fini, que tout était fini.

Après les hérésies d'Arius et de Photius, alors que la robe sans couture du Christ avait été mise en lambeaux et que le monde, un matin, s'étonnait de se réveiller arien, on croyait, on disait que c'était fini, que tout était fini.

Et saint Augustin, nullement ému par la nouvelle de cet ensevelissement prématuré, répondait déjà : « Ils disent que l'Église va disparaître, et tandis qu'elle est toujours debout, voilà qu'ils ne sont plus eux-mêmes[1] ! »

Si nous ne voyons pas avec clarté qu'elle est indestructible et que son lendemain est assuré, c'est que nous sommes victimes d'une myopie historique, qui nous empêche de pénétrer du regard le passé et qui borne notre horizon à un seul point de la durée, celui où nous sommes.

A ceux dont la courte vue trompe ainsi le jugement, je demande quel est le siècle, sans parler des plus reculés, dont je viens de résumer les leçons, quel est le siècle où l'Église n'ait pas eu à subir des attentats pareils à ceux que nous supportons, et où ses défaites apparentes n'aient pas abouti à d'incomparables triomphes.

Les persécutions sanglantes de ses origines, les schismes et les hérésies qui les suivirent, les violences de la barbarie dans les âges ténébreux ne l'empêchèrent pas d'étendre son empire et de conquérir les peuples.

Les corruptions inouïes de la société au Xe et au XIe siècle, les brutalités de la force et les audaces du mal ne l'empêchèrent pas de couvrir la France et l'Europe de cette civilisation splendide du XIIe et du XIIIe siècle.

[1] *In* Ps. LXX, 12.

Cent ans plus tard, les catholiques n'auraient-ils pas été autorisés à jeter un cri de désespoir, s'ils n'avaient pas eu confiance en la parole de Jésus-Christ? Quel spectacle! la chrétienté partagée en fractions ennemies, l'autorité déconsidérée, les évêques et les fidèles ne sachant à qui on devait obéissance et cherchant vainement où était leur chef. En France, en Allemagne, en Italie, des erreurs sociales pires que celles de notre temps et tout aussi avides de bouleversements et de désordres; les dignités ecclésiastiques à l'encan; la simonie, quelquefois l'immoralité, assises sur les marches les plus élevées de l'autel; les pierres du sanctuaire indignement traînées dans la boue des grands chemins; des crimes sans nom, des fleuves de sang; et, à la fin de cette douloureuse période, trois papes se disputant la tiare sous les yeux de l'Église incertaine et désolée.

Si nous descendons la série des âges, je vois l'Église déchirée par le grand schisme d'Occident qui se perpétue et par la guerre de Cent ans. Au xvie siècle, voici la Renaissance, avec son paganisme dans les idées, les mœurs, les croyances; la Réforme, avec ses divisions irrémédiables qui nous mènent à deux pas de l'apostasie; les guerres de religion, qui partagent la nation en deux armées ennemies toujours prêtes à en venir aux mains, et dont les haines puissantes ensanglantent le pays. Au xviie siècle, il y eut des éclaircies, des heures d'accalmie et de paix; et cependant le jansénisme et le gallicanisme se donnent la main pour étouffer l'orthodoxie et pour traîner l'Église au schisme, la corde au cou. Louis XIV, tout en s'appelant le roi très chrétien, prend envers le pape des airs de sultan, s'arroge le droit d'arrêter à la porte de ses États les enseignements pontificaux qui lui déplaisent et affecte de traiter l'Église comme il traite son parlement. Le xviiie siècle, je n'en dirai rien : c'est alors qu'il n'y avait pas dans le monde une voix pour répondre aux gémissements du Christ outragé, et que les sophistes, aidés plus tard par les bourreaux, creusaient la fosse et préparaient le linceul pour l'ensevelissement du catholicisme. « Il ne sera pas dit, s'écriait Voltaire, comme sûr de son coup, que six hommes d'esprit ne détruiront pas ce que douze faquins ont édifié. »

Vous savez, toute la terre sait de quelle manière terrible et inattendue Dieu répondit bientôt à ce défi.

A mesure que nous descendons vers notre temps, il semble que les événements deviennent plus instructifs et fassent jaillir une lumière plus victorieuse sur notre pessimisme et sur nos découragements.

Où en étaient les catholiques il y a un peu plus
d'un siècle, le 1er janvier 1800? Il n'y avait pas
de pape; Pie VI était mort à Valence, captif et
exilé; à Rome, on avait proclamé la déchéance
de la papauté. — En France, voici quelle était
la situation : l'épiscopat tout entier en exil; le
clergé décimé par la guillotine et la déportation;
les fidèles, longtemps traqués, harcelés, obligés
de choisir entre l'apostasie ou la mort, commençant à peine à respirer et jouissant de la tolérance
du mépris; aucune ressource matérielle; le patrimoine de l'Église, formé par les dons libres de
quarante générations, usurpé; les ordres religieux, après mille ans de bienfaits, déracinés et
anéantis; pas une seule religieuse sur le territoire de la France; trois mille monastères des
deux sexes abolis, et avec eux tous les collèges,
tous les chapitres, tous les sanctuaires, tous les
asiles de la pénitence, de la retraite, de l'étude
et de la prière. La législation, les mœurs, l'éducation, soumises aux théories du rationalisme; le
divorce établi; Dieu chassé de partout, au point
que Bernardin de Saint-Pierre était outragé en
pleine Académie pour avoir prononcé son nom.
Et cette situation lamentable se maintint si bien,

que, dix ou douze ans après, la rencontre d'un
étudiant ou d'un ouvrier dans une église produi-
sait autant de surprise que la visite d'un voya-
geur chrétien dans une mosquée d'Orient, et que
des journaux accusaient avec colère le gouvernement de tendre au mysticisme, parce que, dans
un discours à l'ouverture des Chambres, le roi
avait placé le mot Providence[1].

Cette fois, assurément, c'était fini, tout était
bien fini. Il serait curieux de collectionner tous
les discours, les brochures, les livres, les pam-
phlets, les journaux dans lesquels les hommes
considérables du moment annonçaient l'écrasement imminent du catholicisme et faisaient savoir
à l'univers que la science allait remplacer la religion.

Et pourtant, quelques années plus tard, une
renaissance inespérée, inattendue, merveilleuse,
s'était opérée. Il ne restait rien ou presque rien
de cette impopularité formidable sous laquelle le
clergé et la religion avaient succombé, ni de ces
diatribes contre les curés et les moines, dans lesquelles des docteurs d'occasion avaient trouvé
longtemps une source d'honneurs et de profits.
L'Église apparaissait plus forte, plus aimée, plus

---

[1] V. MONTALEMBERT, *Des intérêts catholiques*, p. 22.

populaire que jamais; ses temples étaient rouverts; les foules, longtemps privées de tout culte, revenaient avec joie à ses solennités; ses prêtres s'appliquaient avec courage à réparer des ruines qu'on avait crues irréparables. Les pouvoirs lui témoignaient confiance et respect, invoquaient son appui, la délivraient de ses entraves. Toutes les libertés renaissaient : on offrait aux évêques plus de maisons d'enseignement qu'ils n'en pouvaient diriger; aux jésuites, — vous entendez bien, aux jésuites, — plus d'élèves qu'ils n'en pouvaient instruire. Lacordaire, vêtu d'un froc, reparaissait à Notre-Dame, dont il aurait fallu élargir les murailles pour contenir la foule, et il s'écriait : « Je suis une liberté ! »

On avait dit, on avait répété ce qu'on dit encore, ce qu'on répétait un de ces jours dans une tribune publique : « Enfermez la religion dans ses cathédrales. Les prêtres sont faits pour chanter des oraisons latines dans l'immobilité de leurs stalles et des *De profundis* devant des catafalques. L'Église est morte. » Et voici que cette morte avait brusquement soulevé la pierre de son sépulcre, et qu'elle se dressait de toute sa hauteur devant ses adversaires surpris et atterrés.

Catholiques, pourquoi l'histoire d'hier ne redeviendrait-elle pas l'histoire de demain? Il en sera ainsi, et vous devez le croire, si vous savez de quel sang vous êtes. Les colères injustifiées ne sont jamais bien longues; elles passent comme les sombres nuages du ciel. Ce qui survit à tout, c'est le droit, la justice, la liberté. Les causes justes, à défaut de Dieu qui ne leur manque jamais, seraient sauvées par le bon sens, ce réparateur universel, ce survivant immortel des passions. Nous, catholiques, traités présentement avec une si grande défaveur, pauvres ilotes de la vie politique, si longtemps méprisés par les partis, si longtemps relégués au rang d'adversaires vaincus et de pétitionnaires dédaignés, nous triompherons un jour, nous triompherons : vingt siècles nous l'attestent et nous prouvent que nous défendons une cause imperdable.

Les exemples ne tariraient pas; nos contemporains n'en ont-ils pas vu le retour?

Le chancelier de fer, Bismarck, le politique redouté dont la brève parole tombait comme un ordre dans l'oreille des gouvernements, rêva de se mesurer avec l'Église, de la réduire, d'établir en Allemagne une Église exclusivement nationale.

« *Acheronta movebo*, disait-il; je déchaînerai l'enfer contre l'Église. » Et il ajoutait : « C'est pour sauver mon âme que je me jette dans le *Kultur-kampf.* »

On remplit donc les prisons de prêtres, d'évêques; on condamna les fidèles à mourir sans sacrements; on dénia aux catholiques, comme au temps des persécutions, le droit d'existence : *non licet vos esse.*

Mais ces violences ne brisèrent pas le courage des catholiques et n'entamèrent point leur foi.

Alors on chercha des mesures qui atteindraient le prêtre sans lui donner le nimbe du martyre, qui l'énerveraient à la longue, qui le corrompraient au besoin. On épuisa tous les moyens de donner enfin de la souplesse à l'échine cléricale, soit en châtiant les récalcitrants, soit en faisant briller aux yeux des lâches le denier de Judas. On supprima les traitements ecclésiastiques et on sécularisa les biens d'Église. Je n'irai pas jusqu'à dire que le gouvernement allemand se permit de voler les biens d'Église. Il faut réserver ces mots sévères pour les méfaits de la vie privée. La diplomatie, qui n'est jamais embarrassée quand il s'agit de venir en aide à la politique, emploie des expressions plus douces, qui sont des euphémismes délicats. Elle dit avec finesse : on *annexe* des provinces, on *sécularise* des biens d'Église, on *nationalise* des biens congréganistes.

On sécularisa donc les biens d'Église, et on tenta d'avoir raison du clergé par la famine.

Mais évêques, prêtres, fidèles, préférèrent la pauvreté, la prison, l'exil, les amendes, aux défections les plus lucratives. Les *petits vicaires* d'Allemagne, comme disait Bismarck, finirent par avoir raison du chancelier de fer, qui domptait les parlements par son éloquence et qui dominait l'Europe par son génie politique. Il alla mourir en disgrâce, tandis que l'Église sortait triomphante de cette épreuve redoutable et qu'elle reconquérait une à une toutes ses libertés[1].

De telles crises, nulle part les catholiques n'ont le droit ou le désir de les provoquer, et, quand elles se produisent, ce ne sont jamais eux qui commencent les hostilités. Mais ils n'ont pas davantage à trembler pour leur cause au moment de l'attaque. Ils savent qu'on peut répandre leur sang, mais non point le tarir, et qu'ils ne mourront jamais des blessures qui leur seront faites.

---

[1] Il y a à peine vingt ans, pendant cette persécution en Allemagne, des douze évêques vivants, sept étaient sous les verrous, les cinq autres erraient sans abri, sans ressources. Sur huit mille prêtres, deux mille étaient incarcérés ou bannis; douze cents paroisses étaient privées de tout secours religieux. Plus de séminaires, de collèges catholiques, d'écoles confessionnelles. Et, aujourd'hui, le catholicisme a repris dans cette nation sa place honorée et il y exerce en pleine liberté sa bienfaisante action.

Vous avez bien vu une forêt livrée au bûche-
ron : tout paraît dévasté, stérile, mort ; les
grands arbres ont été abattus, et leurs débris
jonchent le sol ; leur feuillage est aride, leurs
grands bras ont été dépecés. Bientôt on les livrera
au feu, et il semble qu'il n'en doive rester que
des tisons éteints et de la cendre refroidie. Cependant rien n'a péri. De ces troncs que la hache
a meurtris, la vie de nouveau va jaillir. Bientôt
voici d'épais ombrages, une végétation puissante,
les témoignages d'une impérissable vitalité.

Ainsi, dans le sein déchiré de l'Église, renaissent
à jamais les fils de la Croix. Bien plus que la
forêt, l'Église est indestructible ; bien plus que
les chênes, l'Église est immortelle !

III

Il s'agit de savoir si les spectacles du présent
accréditent ces espérances et si l'on ne peut pas
trouver dans la situation actuelle des motifs de
lassitude ou de découragement.

Les hésitants, les découragés sont ordinairement victimes d'une illusion d'optique au point de vue des lieux comme ils ont été victimes, je vous l'ai dit, d'une illusion d'optique au point de vue de la durée. Pour juger l'Église, ils ne la considèrent qu'à un seul point de l'histoire et de l'espace : celui où nous sommes.

Ils ne voient dans le monde que l'Europe, dans l'Europe que la France, et, l'Église de France subissant aujourd'hui, sous nos yeux, une heure d'écrasement dont nous portons le poids, ils font comme le soldat qui croit la bataille perdue, parce que son régiment a de la peine à se maintenir, criblé qu'il est par l'ennemi. Mais pendant ce temps, sur des points différents, d'autres troupes ont avancé, elles ont gagné du terrain, et finalement elles ont assuré la victoire au drapeau.

Quand on jette un regard sur le monde, à l'heure présente, on voit qu'il s'y produit un vaste ébranlement dans le sens de la justice et de la vérité.

Il y a cent ans, l'Angleterre et l'Écosse comptaient à peine cent vingt mille catholiques. En 1890, on en dénombrait près de deux millions avec vingt évêques, trois mille prêtres, des églises, des couvents, cent quatorze représentants dans les deux Chambres. On voit que les vieilles colères s'éteignent; un esprit nouveau surgit; les préjugés tombent; les barrières s'abaissent; sous l'influence d'hommes tels que Wiseman, Newman, Manning, le mouvement vers les usages et les traditions catholiques se révèle de plus en plus, et ce mot court parmi les docteurs des vieilles universités : *Tendimus in Latium*, nous nous orientons vers Rome.

En Suède, en Norvège, en Danemark, il y a un demi-siècle, la situation du catholicisme était lamentable : à peine y trouvait-on deux ou trois prêtres et quelques centaines de fidèles. Aujourd'hui la germination se fait dans des sillons depuis longtemps dévastés et stériles, et on compte plus de soixante prêtres au service de sept mille catholiques.

En Hollande, refuge d'un si grand nombre de religieux français expulsés, les progrès de l'orthodoxie ont dépassé toutes les prévisions, et même toutes les vraisemblances. Trois cent cinquante mille catholiques au plus en 1800, plus d'un million cinq cent mille en 1900, voilà les victoires de la vérité! Dans cinquante ans, la terre néerlandaise se sera déprise de l'erreur, elle sera revenue à l'unité.

En Suisse, non seulement l'Église garde toutes

ses positions, malgré des lois oppressives, mais elle fait de larges brèches aux remparts protestants[1].

Dans l'Europe musulmane elle-même, sous le sceptre des sultans, la population catholique, persécutée, traquée, violentée de mille manières, s'est accrue et a triplé en un siècle.

En Russie, il n'y a pas eu de progrès; peut-être même s'est-il produit un recul; mais tant de chrétiens sont morts dans les steppes de la Sibérie qu'on peut tout espérer, pour l'heure que Dieu marquera, d'une terre ainsi fécondée.

En Allemagne, nous l'avons dit, dix-sept millions de catholiques ont eu raison des violences de trente-deux millions de protestants. Décrets oppresseurs, lois spoliatrices, exil, prison, rien n'y a fait. Il a fallu qu'on brisât leurs chaînes et qu'on leur rendît leurs libertés.

Ainsi l'Europe est travaillée d'un mal profond : elle enfante la vérité, que rien n'empêchera de venir au monde. En présence de chiffres qu'aucune objection ne saurait infirmer, on ne peut contester que le catholicisme marche, progresse,

---

[1] Zurich, qui n'avait pas un seul catholique en 1800, en compte aujourd'hui neuf mille; Neuchâtel, quatre mille; Lausanne, trois mille cinq cents; Berne, cinq mille; Bâle, douze mille; Genève, trente mille.

qu'il livre et qu'il gagne des batailles, qu'il pousse vers tous les points de l'Europe ses incursions hardies.

Il en passe même les frontières, et il se répand dans les continents nouveaux et les îles lointaines. Sous ses pas intrépides, on voit germer, fleurir, mûrir des moissons splendides.

Est-on assez attentif, par exemple, à ce fait prodigieux, et quelle secte, quelle philosophie peut opposer à l'Église une telle victoire? En 1789, l'Amérique recevait son premier évêque, pauvre pasteur d'un troupeau de quarante mille fidèles épars sur un territoire immense. Aujourd'hui on trouve, en face des sectes hostiles et désagrégées, dix millions de catholiques[1], soixante-quinze

---

[1] La proportion des catholiques a varié, relativement à la population totale de la République, d'un *centième* à un *septième*.

« Il convient de dire que cet accroissement est dû, pour la plus grande partie, à l'immigration étrangère. On a même observé que, vu le nombre des immigrants, vu le nombre d'enfants qu'ils ont donnés à l'Amérique, la population catholique est au-dessous de ce qu'elle devrait être. Des défections se sont produites au début, par le fait de l'insuffisance des secours religieux, et par le fait, surtout, des mariages mixtes. D'autre part, les conversions étaient rares et le sont encore; elles tendent de plus en plus à se multiplier; mais le mouvement de retour se dessine lentement, pour des motifs de plus d'un ordre. D'abord l'infériorité sociale de la grande masse des immigrants, leur qualité d'étrangers, éloignent d'eux naturel-

évêques, huit mille prêtres, des séminaires, une université, plus de cinq cents collèges, plus de trois mille écoles, toutes les œuvres de charité libres, toutes les œuvres d'apostolat respectées, florissantes [1], et, en voyant ce spectacle, un Américain a pu s'écrier : « Oui, qu'on donne seulement la justice à l'Église, et elle aura bien vite reconquis l'Europe, et, avec l'Europe, le monde [2]. »

Un simple coup d'œil sur un annuaire des mis-

lement les Américains de race. Ensuite l'apostolat ne tient que d'hier ses ressources. Absorbé, à la première heure, par les soins immédiats d'un ministère auquel il ne pouvait suffire, le clergé ne put organiser la conquête. D'ailleurs ce clergé, presque entièrement européen, s'occupait, avant tout, de ses frères émigrés et faisait peu de prosélytisme. Aujourd'hui l'élan est donné; les plus belles espérances sont promises; un clergé indigène tend à se former, dont l'apostolat ne peut manquer d'être la préoccupation première. A mesure que ses conquêtes s'étendront, la religion catholique cessera d'être une religion d'étrangers, et ce ne sera pas un mince avantage d'avoir enlevé ce grief à l'intransigeance puritaine. « Protestant et Américain ne « sont qu'un : » ce sophisme a fait un mal immense aux États-Unis. » (*Un siècle, l'Expansion de l'Église catholique*, par le R. P. SERTILLANGES, p. 141.)

[1] « Avant la fin de ce siècle, les catholiques dépasseront en nombre celui des autres communions chrétiennes de la République réunies. Lors même que l'émigration des catholiques européens aux États-Unis viendrait à diminuer, cette diminution serait compensée par le chiffre des naissances, bien plus nombreuses chez les catholiques que chez les dissidents. » (R. P. HECKER.)

[2] R. P. HECKER, *l'Église en présence des controverses actuelles.*

sions de la Propagande vous convaincrait mieux qu'un discours de la marche en avant du catholicisme. Vous y verriez comment l'Église, en Asie, a augmenté de moitié ses fidèles au cours d'un siècle; comment, dans l'empire turc, six cent mille catholiques rapprennent le nom du Christ à l'Orient; comment, en Chine, après avoir subi tous les mépris, tous les outrages, tous les pillages, versé des flots de sang, la religion reprend sa marche ascendante; comment, au Japon, en Corée, où l'on a compté plus de deux cent mille martyrs indigènes, plus d'un millier de missionnaires massacrés, l'Église finit par émousser, comme toujours, le tranchant du glaive et poursuit avec une indomptable persévérance le mouvement d'évangélisation.

En Océanie, où il n'y avait, en 1832, que trois prêtres pour convertir et civiliser des populations cannibales, on trouve seize diocèses et plus de six cent mille baptisés.

Quant à l'Afrique, longtemps on a cru que c'était une terre inaccessible et maudite. Les explorateurs les plus intrépides désespéraient de pouvoir s'enfoncer dans le continent noir. A l'heure qu'il est, les missionnaires l'ont parcouru dans tous les sens; ils lui ont arraché ses secrets; partout, sur les rives du Nil supérieur, du Sénégal, du Niger, du Congo, du Zambèze, sur les bords des lacs équatoriaux, des missions sont établies et l'Évangile est annoncé.

Voilà donc, dans une esquisse trop rapide, la tâche accomplie par l'Église en ce temps de prétendue décadence religieuse. Dans les cent dernières années, plus de soixante mille ouvriers apostoliques lui ont gagné une population de vingt millions d'âmes, et cela dans les seuls pays de missions en dehors de l'Europe[1].

Ces chiffres en disent long sur la vitalité de l'Église et montrent assez ce qu'il faut penser des découragés qui ont peur de la voir entrer en agonie. Dans cette activité, dans cet esprit de conquête, dans cette force invincible d'expansion, qui donc pourrait reconnaître une société qui se meurt? Si cela était, ses adversaires la laisseraient sans douté mourir en paix et ne troubleraient pas ses derniers moments. S'ils l'attaquent, c'est qu'ils la savent vivante et qu'ils sentent bien qu'elle marche sur eux... Oui, combattez-la; préparez-lui des chaînes, mutilez ses libertés : quoi que vous tentiez, elle vous échappera. Elle remplit la terre de sa présence, et il n'y a pas un rocher dans l'Océan où elle n'ait mis le pied. Quelques

---

[1] V. *Un siècle, l'Expansion de l'Église catholique*, par le R. P. SERTILLANGES.

hommes arriveraient-ils à triompher d'elle momentanément sur un point, qu'ils n'auraient rien fait contre sa vie. Le monde est hors de leur atteinte, et l'Église a pris possession du monde; elle étend sur toutes les nations un sceptre qu'aucune force humaine ne peut briser.

Ces conquêtes d'âmes, ces mouvements gigantesques de l'Église à travers les peuples, c'est sa vie extérieure; mais elle a une vie intime qui atteste tout aussi fortement l'indestructible énergie, la vigueur divine que le Christ maintient en elle.

A aucune époque de l'histoire chrétienne, l'unité catholique n'a été plus étroite, plus solide, formée par des liens plus résistants. Jamais le pape ne s'est élevé si haut dans le respect et dans l'obéissance des catholiques. De l'Europe à l'Amérique, des Indes à l'Australie, il n'y a pas un évêque, un prêtre, un baptisé qui n'adhère à son autorité. Dans la catholicité tout entière, il n'y a pas une école, une chaire de théologie, un catéchisme d'enfants où sa parole ne fasse loi, et en aucun point du monde il ne s'élève contre son enseignement une contradiction.

Ce n'est pas seulement un fait, cela; c'est une

force, une force unique en ce temps où tous les pouvoirs chancellent. On parle quelquefois de tentatives de schisme. A cette heure, un schisme est impossible. Les droits du pontife romain sont si bien établis, que quiconque se mettrait en révolte contre lui serait couvert ce jour même du mépris de la chrétienté.

Il est vrai, le pape est captif; mais cela n'amoindrit ni son prestige ni son autorité[1]. Ce n'est pas la première fois d'ailleurs qu'un tel fait se produit, et l'expérience nous a appris, aussi bien que l'Évangile, que pour sortir de prison, quand Dieu l'a voulu, saint Pierre n'a jamais eu besoin que les gouvernements lui donnent la clef.

Ni la force d'expansion ni la force de concentration ne sont toute la vie de l'Église. Sa vie intime, c'est encore sa vie spirituelle, manifestée dans son culte, son sacerdoce, ses fidèles, ses institutions.

Un incroyant[2] a décrit dans une page célèbre

---

[1] « La dépossession du pape ajoute à son prestige; à mesure que son pouvoir temporel diminue, son autorité spirituelle grandit; tellement qu'à la fin, après trois quarts de siècle, juste au moment où le premier tombera à terre, la seconde montera par-dessus les nues. C'est que, par l'effacement de son caractère humain, son caractère surhumain se dégage; plus le prince souverain disparaît, plus le souverain pontife apparaît. » (TAINE, *De la reconstruction de la France en 1800.*)

[2] M. TAINE.

l'efflorescence de cette vie en ceux qui en montrent le spectacle au monde : c'est l'évêque, moins grand que ses devanciers par la naissance et le faste, plus grand par le travail des âmes ; c'est le missionnaire, dont l'héroïsme dans le dévouement est l'état ordinaire ; c'est le curé de campagne, « ce factionnaire fidèle dans sa guérite rurale, patient, résigné, attentif au mot d'ordre, montant correctement sa faction solitaire ; » c'est le religieux, pauvre, chaste, obéissant, fidèle à ses serments, livré à la grâce, voué au service des hommes ; c'est la religieuse, si sainte, si obstinée dans ses sacrifices qu'on se rappelle, en la voyant dans les tempêtes de l'heure présente, les paroles de saint Grégoire le Grand assiégé par les barbares : « J'ai à Rome trois mille vierges, recueillies des monastères ruinés de l'Italie. Leur vie est si sainte, elles prient, elles jeûnent, elles expient avec tant de zèle que, si elles n'étaient point là, nul de nous n'aurait pu tenir sous le fer des Lombards[1]. » Ce sont enfin les saints et les saintes du foyer domestique, la foule des gens de bien, des âmes que la grâce détache de l'égoïsme pour les pousser à l'immolation et à la vertu.

[1] GREG. MAG. *Epist.* lib. VII, ep. XXVI.

IV

J'ai hâte d'arriver à notre pays.

En toute sincérité, où en sommes-nous? A voir les désastres que nous subissons et les ruines qui s'entassent, beaucoup sentent leurs espérances fléchir; je ne sais quelle mélancolie découragée enveloppe comme d'un crêpe, au fond d'un grand nombre d'âmes, l'image de l'Église. Que devons-nous attendre? Faut-il espérer ou bien faut-il se voiler le front et se résigner à la mort qu'on nous annonce pour demain?

Le mal est grand, il ne servirait à rien de le méconnaître : la négation prêche ses décevantes doctrines. Ce n'est plus être assez impie que de se dire matérialiste, panthéiste, positiviste, on se proclame athée; pour la première fois, l'athéisme se montre dans un peuple à visage découvert. La littérature se complaît dans l'étalage des turpitudes humaines. L'art n'est plus qu'un autel élevé au réalisme brutal. La politique semble n'être qu'un moyen de combattre les croyances dont vécurent toujours les nations. Elle reprend une à une aux catholiques toutes les franchises intellectuelles et morales conquises en cinquante ans d'âpres combats. Elle frappe d'ostracisme ceux qui portent un signe religieux et leur barre systématiquement le passage aux honneurs et aux fonctions d'État. Il semble que le rêve de plusieurs soit la ruine de l'Église, ou tout au moins son asservissement et sa domestication.

Ces épreuves amènent le scandale des faibles et leur chute. Ceux-ci, et ils sont toujours la majorité en ce monde, ne résistent pas à ces puissantes et pernicieuses influences : les masses apostasient, les campagnes se pervertissent, les villes se paganisent. On peut croire que la France catholique doit succomber aux blessures qui lui sont faites et sous les coups qui lui sont portés.

Et pourtant cela n'est pas ; cela n'est pas parce que Dieu est avec nous. Il a donné à la France un rôle providentiel dans lequel aucun peuple n'est à même de la suppléer, et on a pu dire avec raison que, « si elle venait à disparaître, cela créerait dans la défense des intérêts catholiques un vide que seule la toute-puissance divine serait capable de combler[1]. » C'est pourquoi, en maintes circonstances de notre vie nationale, il en a appelé de nos fautes, et il est intervenu

[1] M⁅ᵉʳ⁆ FREPPEL, *Discours, à la Madeleine, pour les blessés militaires.*

d'une manière inespérée pour nous sauver. Déjà, au moyen âge, un grand pape disait avec autant d'esprit que de profondeur : « Les Français sont un peuple admirable ; ils ont le privilège de faire des sottises du matin au soir, et Dieu les répare pendant la nuit. » Quoi qu'en pensent les pessimistes, rien ne prouve que les intentions de Dieu soient changées, que son bras se soit raccourci et qu'il ne veuille pas nous sauver maintenant de la haine sectaire comme il nous sauva jadis de tant d'autres ennemis.

D'ailleurs, ce n'est ni la haine, ni l'injustice, ni la persécution qui peuvent nous perdre. Une Église ne périt point parce qu'on la met sous le pressoir. Cela ne s'est jamais vu dans l'histoire du genre humain. Au contraire, il est d'expérience que la persécution n'a jamais servi qu'aux persécutés et que le droit opprimé a toujours pris des revanches solennelles. On peut donc gémir des maux présents ; on ne doit pas en être troublé. J'oserai dire après l'auteur du IIe livre des *Machabées :* « Je prie ceux qui me liront de ne pas prendre peur à cause de nos adversités. Qu'ils se disent que de tels malheurs surviennent, non pour la perte, mais pour l'amendement de notre race[1]. »

[1] *II Mach.,* VI.

Les Églises qui périssent, ce ne sont pas celles qui souffrent avec courage, qui luttent dans la patience, qui tiennent tête au mal, mais les Églises dont la sève surnaturelle tarit et qui abdiquent; c'est l'Angleterre, le Danemark, la Suède. L'Angleterre, son peuple, ses évêques, ses prêtres, sauf des exceptions, se ruèrent dans la bassesse devant un Henri VIII et devant une Élisabeth, la Suède devant Wasa, le Danemark devant Christian. Et ces Églises ont disparu parce qu'il ne s'est pas trouvé dans leur sein assez d'âmes généreuses et puissantes, sachant opposer la grandeur et la fermeté chrétiennes aux envahisseurs des lois du christianisme. L'Église de France n'a pas connu ces défaillances et ces prosternements. Elle a étonné le monde par sa douceur et sa charité; mais jusque dans ses concessions les plus extrêmes, signes de son amour, non point de sa faiblesse, on a senti qu'elle s'arrêterait, le moment venu, à cette décision dernière et inflexible, qui fait de nous comme une enclume sur laquelle se fatiguent à la fin et s'usent les bras les plus puissants.

Ce sont là des raisons négatives contre la tentation du découragement. Il y a des raisons positives si nombreuses, qu'il serait impossible de les exposer dans toute leur ampleur.

D'abord n'est-il pas manifeste que l'anticléricalisme est en baisse? Depuis longtemps les intellectuels, à part quelques arriérés qui croient encore aux contes de vieilles femmes, ne le prennent plus au sérieux; ils le tiennent pour un fantôme sans réalité, bon seulement à épouvanter la foule. Et la foule elle-même commence à riré des frayeurs qu'il lui a inspirées. Le peuple a fini par s'apercevoir que manger du curé était se contenter d'une alimentation trop légère, très économique assurément pour la libre pensée bourgeoise chargée de servir la table, mais insuffisante à satisfaire l'appétit des prolétaires. L'anticléricalisme tend de plus en plus à devenir une marchandise avariée, hors de commerce partout, excepté dans les assemblées politiques et dans les bureaux de quelques journaux qui n'ont pas encore trouvé d'autre gagne-pain que cette exploitation.

Par contre, l'élite intellectuelle tend à revenir au catholicisme. Parmi les écrivains renommés il y en a peu qui soient des adversaires déclarés de l'idée religieuse, et ceux-là sont eux-mêmes contraints de constater que notre génération a faim de la vérité; elle n'en peut plus supporter la privation; elle appelle avec avidité le rassasiement. Une rumeur court parmi les savants : « Là pensée moderne retourne au Christ ; le Christ va reprendre l'empire. » Tacite et Suétone annonçaient jadis que des hommes partis de Judée s'empareraient du monde, *rerum potirentur*. Aujourd'hui publicistes, romanciers, lettrés, penseurs, ont sur les lèvres le vieil oracle[1], et beaucoup le redisent avec le désir et l'espérance de le voir réalisé bientôt. Chassé de l'école, de la place publique, des assemblées de la nation, Jésus rentre par mille portes inattendues dans les préoccupations contemporaines. Les Académies en parlent avec respect ; les revues les plus estimées traitent avec égard sa doctrine ; les théâtres jouent ses mystères ; les artistes trouvent dans son Évangile leurs meilleures inspirations. Et en même temps des écrivains renommés, philosophes, poètes, romanciers, viennent l'un après l'autre lui apporter l'hommage de leur foi[2]. Ils sont amenés, celui-ci par la souffrance, celui-là par le sentiment, beaucoup par la raison, par une étude comparative du catholicisme avec les autres religions. Si le rationalisme a encore ici et là quelques disciples, ils sont les représentants attardés d'un

---

[1] Mgr BAUNARD, *Espérance, Un réveil de l'idée religieuse en France.*

[2] MM. Brunetière, Coppée, Bourget, Huysmans, etc., etc.

autre âge ; leurs opinions n'ont aucune prise sur notre génération ; elle écoute d'une oreille distraite ces enseignements démodés et sans crédit.

A la suite des hommes qui habitent les sommets de la pensée s'avance lentement toute une armée d'âmes sincères ; elles ne sont pas converties encore, elles sont du moins bienveillantes : c'est la multitude des honnêtes gens, sans religion fixe, sans culte bien déterminé, emportés par le grand souffle qui rapproche ceux qui aiment la patrie et dirigés par cet instinct de race qui leur fait comprendre les liens traditionnels qui unissent la France et le catholicisme.

A mesure que tombe la poussière du combat, ils voient mieux l'injustice des accusations contemporaines contre l'Église et des préjugés accumulés par la politique ou par la fausse science ; ils voient qu'il est injuste, qu'il est odieux de dire que l'Église est l'ennemie de la science, puisqu'elle en a été la propagatrice et qu'elle a civilisé le monde ; — qu'elle est l'ennemie de la liberté, puisqu'elle l'a conquise au prix de son sang et qu'elle l'a enseignée à l'humanité ; — qu'elle est l'ennemie du peuple, puisque le peuple n'eut jamais de bonheur et de dignité que par sa protection et qu'elle a travaillé à le sauver de toutes les misères et de toutes les servitudes ; —

qu'on doit l'enchaîner, la violenter, la persé-
cuter, puisqu'elle ne fait aucun mal, qu'elle donne
même des exemples et des leçons qui sont pour
les nations une sauvegarde et un principe de
prospérité ; — qu'elle est intolérante, car elle
souffre tous les jours de l'intolérance des autres,
et elle ne fait souffrir personne. Il est impossible
de ne point voir combien on est intolérant et
intransigeant envers nous, catholiques. Subissant
les mêmes charges que les autres citoyens, nous
n'avons ni les mêmes droits, ni les mêmes libertés. Le jour où nous voulons prendre la place
qui nous appartient dans leurs démocraties, des
adversaires nombreux se lèvent pour nous accuser
de mauvaise foi. Et, au contraire, si quelques-
uns de nous, trop lents à marcher, s'attardent
au passé, ils les accusent d'être des ennemis de
la société moderne, des cerveaux étroits dont il
faut se détourner avec horreur. Ils veulent ainsi
nous enfermer avec nos doctrines dans je ne sais
quelle prison pieuse, loin de toute influence humaine, loin de toute action publique, loin de ce
peuple que nous avons instruit et civilisé, que
nous avons défendu contre toutes les tyrannies,
et qui finira bien quelque jour par comprendre
que le tromper, ce n'est pas servir ses intérêts, et qu'on le trompe, en effet, avec des pro-

messes irréalisables et des accusations vides.

Ils ont beau faire : chaque jour éclate davantage le besoin qu'a la société de la religion et de l'Église.

Les politiques en ont besoin : car l'Église n'apporte dans les affaires humaines aucune semence de discorde et de décadence. Elle défend les principes de vie; elle maintient les vérités sans lesquelles il n'y a pas d'hommes gouvernables sur la terre.

Les savants en ont besoin : car seule elle a une foi et une espérance, et ils n'en ont pas.

Les moralistes en ont besoin, car ils n'ont pas encore trouvé un code capable de remplacer celui par lequel l'Église gouverne les consciences. Elle demeure le seul guide de la conscience humaine, le seul appui solide de l'honnêteté, la seule base de la vertu [1].

[1] « Vous n'effacerez pas d'un trait de plume les quatorze siècles écoulés. Avant même de les effacer, il est de votre devoir de vous demander à l'avance par quoi vous les remplacerez... Notre société ne peut pas se contenter de simples idées morales, telles qu'on les donne actuellement dans l'enseignement superficiel et borné de nos écoles primaires.

« Pour que l'homme puisse affronter les difficultés de la vie avec ces idées, il faut les compléter par un enseignement que vous n'avez pas encore créé et que vous devez créer avant de songer à répudier l'enseignement moral qui a été donné jusqu'à présent aux générations... Nous considérons en ce moment

Le peuple, les malheureux en ont besoin ; nous entendons l'ouvrier dire à ses maîtres d'un jour, qui ont essayé de le déchristianiser : « Vous m'avez trompé, vous m'avez trompé ! Vous m'avez tout promis, et vous ne m'avez rien donné. Vous avez brisé mon Christ, le vieux Christ qui pendait à la muraille de ma chaumière, et je n'ai plus personne pour me consoler dans ma misère, pour me défendre contre vos injustices et vos exploitations, pour m'empêcher de défaillir sous le poids de la vie si dure. Et pourtant j'ai soif d'infini, d'espérance, d'immortalité. »

Oui, la société a besoin de l'Église. Elle risquerait sa vie à s'en passer. Aux catholiques qui se sentiraient envahir par la contagion du découragement, nous pouvons redire les paroles toujours actuelles et toujours vraies de Lacordaire : « Messieurs, sachez toute l'importance de votre position dans le siècle épouvanté dont vous faites partie. On nous parle d'ordre : c'est vous qui

les idées morales telles que les Églises les donnent, et elles sont les seules à les donner en dehors de l'école primaire, comme des idées nécessaires. J'ai dit, à la tribune du Sénat, il y a deux ans, en défendant l'article 14 de la loi sur les associations, que j'étais un philosophe spiritualiste, et que je considérais l'idée religieuse, je l'ai répété aujourd'hui, comme une des forces morales les plus puissantes de l'humanité. » (*Discours de M. Combes à la Chambre des députés, dans la discussion du budget des cultes,* janvier 1903.)

êtes l'ordre. On nous parle de paix : c'est vous qui êtes la paix. On nous parle d'avenir : c'est vous qui êtes l'avenir. On nous parle de salut : c'est vous qui êtes le salut. Car l'ordre, la paix, l'avenir, le salut, chez les nations modernes, ne peuvent sortir que d'une doctrine qui contienne toute la vérité, toute la vertu dont l'homme a besoin, et le christianisme seul répond à ces conditions. »

Enfin, la preuve irréfragable de la vitalité de l'Église de France, celle qui défie toutes les objections, c'est son esprit de sacrifice, c'est l'expansion prodigieuse et unique au monde de son zèle et de sa charité.

On a fait des livres avec la seule nomenclature de nos œuvres et de leurs résultats mathématiquement constatés. Ces statistiques impartiales sont un argument plus décisif que tous les syllogismes [1].

En moins de vingt ans, la société de Saint-Vincent-de-Paul a distribué aux indigents quarante-six millions ; les Petites Sœurs des Pauvres ont logé, nourri, vêtu deux cent mille vieillards et recueilli par leurs quêtes plus de deux cent trente

[1] *Les Congrégations religieuses en France, leurs œuvres et leurs services.* Paris, POUSSIELGUE.

millions ; les missionnaires ont mis au service de l'évangélisation plus de cinquante millions. Pendant cette même période, plus de trente millions ont été consacrés à construire l'église de Montmartre.

Et ce n'est pourtant qu'une part des trésors que la charité de l'Église de France a versés sur notre pays et sur le monde. Tandis que d'une main elle répandait ces largesses, de l'autre elle couvrait le sol français de patronages, d'orphelinats, de cercles, d'hôpitaux, d'institutions de bienfaisance, d'écoles libres.

Pour la seule ville de Paris, l'établissement de ces écoles, sur lesquelles passe à cette heure une tempête qui ne laisse guère que des ruines, n'a pas coûté moins de vingt-cinq millions, et leur entretien annuel s'élevait à trois millions environ, pour donner l'enseignement à quatre-vingt mille enfants du peuple.

Toutes les grandes villes ont rivalisé de générosité pour cette œuvre vitale, et dans les petits villages des plus pauvres provinces, il y a eu des sacrifices et un dévouement dignes de l'admiration des hommes et des bénédictions de Dieu.

Sont-ce là des signes d'agonie ? Est-ce une Église défaillante et promise à la mort, celle qui remet chaque année à la Propagation de la Foi plus de quatre millions sur six que donne le monde entier, les deux tiers de la somme offerte par l'univers chrétien[1] ?

Tout le monde sait que le Saint-Siège vit du denier de Saint-Pierre. Or la France fournit environ les deux tiers de ces subsides.

Ainsi cette Église de France, qu'on dit à demi morte, est non seulement la première dans la hiérarchie de la charité, mais elle donne à elle seule, à la cause catholique, autant que l'univers tout entier. Et cette merveille s'accomplit dans les conditions que vous connaissez, malgré les épreuves qui l'appauvrissent, au milieu des persécutions qui l'ébranlent jusqu'en ses fondements.

La place que la France occupe, à cette heure, dans la vie du catholicisme, reste donc incomparable. Dans ce service glorieux, aucun peuple ne l'égale ou n'est proche de l'égaler. Si les aumônes versées par les trois nations alliées, l'Autriche, l'Allemagne, l'Italie, venaient à être taries d'un coup, ce malheur n'aurait pas une action bien sensible sur le mouvement général de l'Église ; mais si le tribut de la France était brusquement supprimé, le gouffre serait immense, et

---

[1] La France verse annuellement, en plus de ces aumônes, un million cent mille francs environ pour la Sainte-Enfance.

on ne voit pas sur quel appui, humainement, porterait la chrétienté.

Donner son or, c'est bien; se donner soi-même, c'est mieux. Or, avant les derniers événements, soixante mille hommes, cent vingt-cinq mille femmes étaient par vocation, en France, les bienfaiteurs de l'humanité, « des corvéables volontaires, » comme les appelait un incroyant[1], voués à toutes les besognes dangereuses, aspirant par vocation à tous les sacrifices, capables de toutes les abnégations et de tous les désintéressements, à l'affût de toutes les occasions de se donner à leurs frères, de s'immoler à la défense des causes justes ou au service des malheureux; hommes admirables, femmes héroïques, dans lesquels, dit le même historien, « l'équilibre ordinaire des motifs déterminants s'est renversé; dans leur balance interne, ce n'est plus l'amour de soi qui l'emporte sur l'amour des autres, c'est l'amour des autres qui l'emporte sur l'amour de soi. »

Vous le voyez, la foi est donc encore étroitement unie à la France. La France porte le catholicisme dans son cœur, dans ses veines, dans sa

[1] M. Taine.

chair. L'histoire parle avec émotion de cette jeune fille qui, au temps des persécutions, pour éviter les outrages du bourreau, dans la nuit qui précéda son supplice, fixa sur sa chair même, par une sanglante couture autour de son cou, son modeste vêtement. Elle mourut toute blanche dans sa collerette intacte et toute pure dans sa beauté inviolée. Comme le vêtement de cette vierge héroïque, la foi catholique adhère à notre vie nationale ; elle fait partie de notre organisme. Pour la détruire, il faudrait mettre en lambeaux la chair de la patrie. Aussi longtemps que la France sera debout au soleil de Dieu, il ne sera point juste de dire que l'Église de France est à l'agonie.

Elle souffre, c'est vrai ; elle est sous le pressoir ; Dieu lui fait cet honneur ; mais elle est vivante et elle remplit le monde des signes de sa force. Ce ne sont pas les affres de la mort, non ; ce sont plutôt les douleurs de l'enfantement. Et alors même que les tribulations présentes s'accroîtraient, alors même qu'un torrent dévastateur passerait de nouveau sur l'Église de France, — et il y passera sans doute, — j'espérerais encore. Ce serait pour achever de la purifier et pour la féconder ; ce ne serait pas pour la détruire. A Hippone, au bruit des invasions, tout le peuple tremblait et se serrait auprès d'Augustin, son évêque, en disant, épouvanté : « C'est la fin du monde. — Non, répondait le pontife qui voyait plus loin dans les desseins de Dieu ; ayez courage, c'en est le commencement. »

V

Le découragement n'a donc pas de justification ni de raison d'être ; il n'a pas même d'excuse dans l'âme d'un catholique.

Mais ce n'est pas assez d'avoir cette conviction. Il importe que nous sachions ce que nous devons opposer à ce sentiment répréhensible et malsain.

Nous devons lui opposer d'abord un courage exempt de faiblesse, une confiance absolue dans le triomphe final de la cause que nous servons.

Ce n'est pas l'heure de l'hésitation, de la pusillanimité, ni même de la vertu tremblante et fugitive, ni des gémissements. Les gémissements sont inutiles et ils sont débilitants. Faites-nous-en grâce. Rendez votre âme digne de votre foi et de votre Dieu. Faites-la vaillante. C'est la parole que le prophète crie à ceux dont les mains tremblent et dont les genoux fléchissent : *Confortate manus dissolutas, et genua debilia roborate.*

On a confiance dans la parole d'un honnête homme. Vous avez plus, catholiques, que la parole d'un homme, souvent trompeuse, toujours faillible ; vous avez la parole de Dieu, qui ne peut tromper, les leçons de vingt siècles d'épreuves et de victoires, la certitude présente de l'inépuisable vitalité que l'Église porte dans ses flancs divins.

Or on a défini le courage : « une vertu qui dispose l'homme à sacrifier au devoir, froidement et dans le calme d'une raison maîtresse de ses volontés, tous les biens, jusqu'à la vie ; » tous les biens, entendez-le ; par conséquent, vous devez être dans la disposition, froidement et dans le calme d'une raison maîtresse de ses décisions, de sacrifier à la défense de la foi catholique votre temps, votre fortune, au besoin votre vie, tous les biens que d'autres sacrifient chaque jour à des causes nobles sans doute, mais secondaires, la science, la famille, l'honneur, la patrie. Ils font avec dévouement, avec grandeur d'âme, avec rage quelquefois, pour des causes périssables, ce que vous demande une cause divine et immortelle.

D'Assas, capitaine au régiment d'Auvergne, est envoyé en reconnaissance la veille d'une bataille à livrer aux Anglais. Il tombe au milieu d'un groupe d'ennemis. Vingt baïonnettes menacent sa poitrine. « Si tu pousses un cri, tu es mort! » dit l'officier qui commande. Alors d'Assas, d'une voix forte : « A moi, d'Auvergne! C'est l'ennemi! » Il tombe percé de coups; mais l'armée est sauvée.

Tel est le courage, disposition d'une grande âme à tout sacrifier pour la cause qu'elle a mission de faire triompher.

Qui comptera les mères qui se sont immolées pour leurs enfants, les hommes de cœur qui ont consacré leur vie à étendre le domaine de la science, les soldats qui sont morts pour leur pays? Leurs noms formeraient le livre d'honneur de l'humanité. Elle a eu des âmes égoïstes et basses; mais elle a eu de grandes âmes, heureuses et fières de se sacrifier.

Les circonstances actuelles devraient élever à cette hauteur tous les catholiques. Elles devraient les arracher aux langueurs stérilisantes, aux facilités et aux mollesses de la vie. Elles devraient leur faire comprendre le devoir intégral et la nécessité du sacrifice. Alors ils entreraient en lutte, sans hésitation ni pusillanimité, contre l'apathie, contre la routine, contre la passion, pour le triomphe de la justice dont l'heure sonnera quand Dieu voudra.

Ainsi fortifiés, ils cesseraient de se lamenter; des plaintes vaines et des récriminations inutiles, ils passeraient aux actes salutaires, réactifs efficaces du découragement, moyens puissants de hâter notre relèvement et notre salut.

De ces moyens, dont le courage chrétien vous impose l'emploi, savez-vous quel est le premier? Cela vous étonnera peut-être. Ce n'est ni la presse, ni les œuvres, ni l'action, ni même la prière; c'est de vous réformer vous-mêmes.

Catholiques, soyons sincères et parlons sans détours : les pires ennemis de l'Église ne sont pas ses adversaires, mais ses propres enfants. Les malheurs contemporains, pour une part, sont imputables à nous-mêmes, à notre amoindrissement moral, à notre indifférence et à notre apathie dans la lutte contre le mal. Ce ne sont pas les païens, les empereurs et le Sénat, disait un docteur, qui sont les persécuteurs les plus redoutables du Christ et de l'Église; ce sont les catholiques oublieux de leurs devoirs, ceux qui insultent à la pauvreté de Jésus par un luxe outrageant, à ses souffrances par leurs plaisirs, à sa charité par leur égoïsme, à son austérité par leur sensualisme... Qu'arrive-t-il? C'est qu'ils se rendent dignes, suivant la prophétie de Jésus, d'être foulés aux pieds comme du sel affadi.

Au XVIᵉ siècle, l'Église fléchissait sous des écrasements pires que ceux de notre temps. Les évêques de la chrétienté se réunirent à Trente. Ils déclarèrent qu'ils avaient une part de responsabilité dans les malheurs communs, et ils promirent solennellement d'y remédier. Et de quelle manière? — En fondant des œuvres? Non. — En faisant des congrès? Pas davantage. — D'abord en se réformant eux-mêmes.

A ceux qui répètent sur tous les tons que pour nous sauver il faudrait un miracle, je dirai : Faites-le! Faites-le en revenant aux mœurs et aux traditions des âges de foi; faites-le en devenant des catholiques semblables à ceux des premiers siècles; faites-le en abandonnant le demi-christianisme pour le christianisme intégral, en pratiquant l'austérité et la pénitence, comme les pratiquaient vos ancêtres, au lieu de ces amusements, de ces frivolités, de ces sauteries et de ces festins par lesquels vous remplacez, du mercredi des Cendres au dimanche des Rameaux, l'abstinence et le sermon[1]. En un mot, ayez cons-

---

[1] « Chaque jour, plusieurs journaux remplissent leurs colonnes du récit de fêtes, de matinées musicales, de soirées artistiques,

cience de la gravité des circonstances et devenez de vrais chrétiens. Nous essayerons, nous, d'être de vrais prêtres, et nous aurons alors pris les meilleurs moyens de salut.

Le mal n'est pas surtout au dehors; il n'est point dans les vexations que nous subissons. Ce qu'il faut faire d'abord, ce n'est pas vaincre nos adversaires et les humilier; il est au dedans, et c'est de réforme qu'il s'agit et de conversion.

Quant à vos adversaires, aux adversaires de votre foi, il faut les aimer, et vous n'aurez pas de peine à le faire, en vérité, si vous avez redressé dans votre cœur les sentiments de la nature et imprégné votre âme d'Évangile. Après deux mille ans de christianisme, il y aurait du pédantisme à insister sur ce point et à répéter qu'il n'y a pas d'injustice ni d'iniquité qui dispense des catholiques du devoir de l'amour.

de dîners, de sauteries hebdomadaires, de bals poudrés ou costumés, de danses, de cotillons, que sais-je encore? Avec la liste des invités et les noms de ceux qui ont mené avec succès les cotillons et les danses, ces journaux publient les noms des *botnneurs* et des *botnneuses*. Il faut inventer de nouveaux plaisirs. La langue nationale ne suffit pas, il faut emprunter des mots aux langues étrangères; et il s'agit maintenant de *coachmen*, de *coach*, de *matches de polo*, de *teams*, de *goats*. Ainsi on abandonne, avec la langue française, les plus grandes traditions françaises et l'honneur français! » (Mgr l'évêque de Nancy.)

Vous direz peut-être : « Mais ils nous méconnaissent; ils nous persécutent; ils nous traitent comme des parias au milieu de nos frères. » Soit; je n'en disconviens pas. Et voici pourtant ce que le Maître vous enseigne : « Si votre vertu n'est pas supérieure à celle des scribes et des pharisiens, vous n'êtes pas dignes du royaume des cieux. Si vous n'aimez que ceux qui vous aiment, si vous ne faites du bien qu'à ceux qui vous en font, vous ne faites rien de plus que les païens. »

Il faut faire plus et mieux que les païens, rendre le bien pour le mal et aimer vos ennemis.

Vous devez les aimer parce qu'ils sont hommes comme vous, Français comme vous. D'un bout à l'autre de notre pays, toutes les haines flambent, haines politiques, haines sociales, haines religieuses. Quelques voix s'élèvent au milieu des bruits de guerre, pour prêcher la réconciliation et dire les bienfaits de la paix; mais elles sont sans écho; on les dédaigne, on ne leur accorde aucun crédit. Les voix écoutées sont celles qui entretiennent les divisions et qui excitent les animosités. Les discordes qu'elles ont fait naître et qu'elles développent sont si profondes, que nous en sommes affaiblis et que nous risquons d'en mourir. « Les Gaulois sont comme invincibles, s'ils ne se divisent pas[1], » disait Tacite. C'est un hommage, mais aussi un avertissement qui nous rappelle la parole de l'Évangile : « Toute maison divisée contre elle-même périra. »

Il faut aimer nos adversaires parce qu'ils sont catholiques comme nous, baptisés du même baptême, rachetés par le même Rédempteur, fils de la même Église, appelés au même bonheur éternel. Cette Église, leur mère, ils la méconnaissent et ils la persécutent, c'est vrai; mais combien, ses ennemis implacables d'abord, devinrent ensuite ses fils dévoués! La masse des hommes est faite d'illusionnés, de gens que les préjugés égarent, que l'erreur aveugle, que la passion tourmente, qui se trompent inconsciemment, appellent bien le mal et le traitent en conséquence. « Blessez vigoureusement les erreurs, disait Pie IX à l'abbé Perreyve; mais ayez pour les hommes un cœur de mère. » S'ils sont incroyants ou sectaires, il faut les plaindre, il faut les éclairer, il faut les juger et les voir dans la lumière de Dieu. Ce point de vue, hélas! laisse discerner plus d'un crime; mais il permet de rendre un peu d'estime et d'amour à cette pauvre humanité, que tant d'ignorances et de méprises abusent. Ses colères souvent pro-

---

[1] *Galli, si non dissenserint, vix vinci possunt.*

voquent plutôt la compassion qu'elles n'appellent des représailles ; en tout cas, elles ne doivent pas nous empêcher d'aimer d'un amour tranquille ceux qui nous méconnaissent ou qui nous persécutent.

Si nous les aimons ainsi, nous prierons pour eux ; nous nous efforcerons par nos supplications de hâter l'avènement du royaume de Dieu dans leurs âmes et dans notre pays.

En somme, qu'est-ce que la lutte actuelle ? Deux partis sont en présence : le parti des hommes qui prient et le parti des hommes qui ne prient pas.

Tenez pour certain que les hommes de prière enfin l'emporteront, s'ils se servent bien de l'arme mise dans leurs mains. La destinée de l'Église est d'avancer en ce monde sur ses genoux. Elle ne triomphe que par nos prières. « Il est impossible, affirme Thomas d'Aquin, que les prières d'un grand nombre d'âmes ne soient pas exaucées quand, fondues ensemble, elles ne font qu'une seule prière. » Et un homme politique du dernier siècle ajoutait : « Je crois que ceux qui prient font plus pour le monde que ceux qui combattent. S'il va de mal en pis, c'est qu'il y a plus de batailles que de prières[1]. »

---

[1] DONOSO CORTÈS.

Voilà deux mille ans que le catholique va répétant : « Seigneur, que votre règne arrive. » C'est le cri séculaire de l'humanité baptisée. Et ce règne, toujours combattu, toujours repoussé, n'est pas encore établi. Il semble que la victoire appartienne présentement à ceux qui le rejettent, et que les ennemis de Dieu soient les plus forts. Mais la prière des bons ne doit pas se lasser. Au milieu des ombres qui s'épaississent, qu'ils continuent à redire : « Seigneur, que votre règne arrive ! » Qu'ils aient toujours sur les lèvres cette supplication confiante et immortelle, alors même que l'injustice des hommes, les égarements et les colères inconscientes des foules, les projets des puissants, les victoires de l'égoïsme et de l'iniquité ruineraient en eux tout espoir de voir bientôt le royaume de Dieu prendre possession de notre triste planète. Du moins peuvent-ils par leurs prières et par leurs œuvres en hâter l'avènement.

Enfin le catholique qui a triomphé du découragement a un dernier devoir à remplir en faveur de sa foi : l'action.

C'est le secours qui manque le plus, et chaque jour davantage, à l'Église de France.

« Dormir bien mollement, a dit un grand

écrivain[1], dormir longtemps et après s'être un moment réveillé, se rendormir le plus vite possible, telle a été jusqu'à présent la politique du catholique français. Quand une voix par trop éloquente ou un fait par trop significatif a soulevé autour de lui assez de bruit pour troubler sa paix, il entr'ouvre un moment sa paupière et promène un regard terne et étonné sur le combat qui se livre à armes inégales au-dessus de sa tête : il saisit au vol le nom de religion et se dit aussitôt que son curé ne lui a rien dit au prône; le nom de liberté, et il sait que cet aliment n'est pas à son usage. Là-dessus, il se retourne sur le flanc, se cache la tête sous n'importe quel voile grossier pour fuir la lumière importune, s'impatiente en bâillant contre le bruit qui l'a dérangé, et se rendort en étendant ses membres affaissés. »

Il est déplorable que les catholiques, ces conquérants, soient devenus ces êtres timides, ces trembleurs éperdus, ces pusillanimes, qui ne font rien pour leur foi, et sur la tombe desquels on pourrait graver les mots de l'Écriture : *Scribe hunc virum sterilem.*

Catholiques, ne soyez pas de ceux-là. Agissez. Remplissez tous vos devoirs envers Dieu, envers

[1] MONTALEMBERT.

vous-mêmes, envers votre pays. Parlez; revendiquez vos droits, tous vos droits : le droit de croire et de pratiquer, le droit de vivre et de mourir chrétiennement, le droit d'élever vos enfants suivant vos croyances, le droit de vous associer pour la vertu comme d'autres pour l'industrie ou la finance, le droit de servir Dieu librement.

Parlez, parlez haut, parlez à tous, parlez au peuple surtout, dans l'atelier, dans la rue, dans la mansarde. Chantez-lui de nouveau la vieille chanson qui berça jadis sa misère. Éclairez-le et convertissez-le. Par vous, qui aurez lutté sans découragement et mis au service de la vérité la prière et l'action, le peuple redeviendra ce qu'il fut. Et par ce peuple, l'Église, cette recommenceuse éternelle, comme disait Paul Bert, reverra ses anciennes victoires et les jours glorieux qu'elle a déjà vécus.

Un écrivain récent[1] a raconté une scène, qui est une leçon d'espérance.

Néron, fatigué de voluptés, allait prendre sa

---

[1] Sienkiewicz, *Quo vadis?*

villégiature à Antium. Un cortège somptueux l'accompagnait : chars dorés, riches litières, patriciens, légionnaires, pontifes, affranchis, esclaves. Le peuple était accouru près de la porte d'Ostie et s'y était entassé pour le voir passer. A l'arrivée du souverain, les acclamations éclataient.

Or, dans la foule, il y avait un vieillard, Pierre, l'apôtre, venu pour voir César; mais auquel sa petite taille ne permettait pas de voir à loisir.

Son compagnon s'en aperçut. C'était un géant lygien, un fils du peuple. Il avisa un bloc de pierre, apporté là pour la construction d'un temple; il le saisit de ses mains robustes, aux applaudissements de la foule, et il offrit ce piédestal à Pierre.

Néron parut. Il vit l'apôtre debout sur le bloc de pierre, et les deux maîtres du monde furent un moment face à face : l'un qui allait disparaître comme un cauchemar sanglant, laissant dans la mémoire des peuples le souvenir du tyran le plus odieux; l'autre, cet étranger, ce vieillard de petite taille, ce marinier du lac de Génésareth, cet illettré qui allait prendre possession de Rome et du monde.

Le géant de Lygie, c'est le peuple. C'est le peuple qui avait mis l'apôtre à la hauteur et au-dessus de Néron. Il a toujours fait ainsi. Il

fera de même encore, quand vous l'aurez désa-
busé. D'un geste puissant et irrité, il écarte ceux
qui l'ont exploité : les ambitieux, les intrigants,
les satisfaits. Il saisit, de ses mains robustes, un
piédestal inébranlable; il y place l'Église avec une
énergie qu'il ne fait pas bon provoquer, et devant
ces triomphes longtemps attendus, longtemps
désirés, lentement préparés par la patience, le
courage, la prière, l'action des justes, le ciel
tressaille et l'univers applaudit.

L'APATHIE DES CATHOLIQUES

EN·FRANCE

DANS LE TEMPS PRÉSENT

L'APATHIE DES CATHOLIQUES

EN FRANCE

DANS LE TEMPS PRÉSENT

Un des grands maux de l'Église en notre temps, la cause principale de sa faiblesse dans les batailles de l'heure présente, c'est l'apathie de beaucoup de catholiques. Leur erreur est de croire que, dans l'ordre religieux, ils ont à s'occuper seulement de leur salut personnel : dès lors qu'ils ont fait leur prière chaque jour, entendu la messe chaque dimanche, communié à Pâques, à leur sens tout est dit, et ils sont quittes envers leur conscience et envers Dieu. Leur vie s'organise de telle sorte que le devoir apostolique n'y tient aucune place, et qu'ils n'accordent à leur foi menacée, combattue, traînée de tribunal en tribunal, d'autre secours réel que le secours peu décisif de leurs gémissements.

Certes, c'est un secours que nombre de catholiques ne lui marchandent pas, et on peut croire que jamais, même à l'époque des pires persécutions, on n'a gémi autant. Ils lisent leur journal, qui leur apprend chaque matin quelque nouvel attentat contre le droit et la liberté, et, en le repliant, ils gémissent. Ils reçoivent leur curé, qui leur parle de ses écoles fermées, de la foi qui baisse, de l'irréligion qui monte, et, l'ayant entendu, ils gémissent. Au cercle, dans les salons, ils causent avec leurs amis, chrétiens comme eux, des nouvelles courantes, des expulsions accomplies, des spoliations qui se préparent, et c'est un universel gémissement; mais pourvu que leurs terres soient données à de bons fermiers, que la grêle épargne leurs champs, que le phylloxéra ne prenne pas leurs vignes, qu'on ne convertisse pas la rente et que le prix des loyers se maintienne, ils sont, au fond, les plus tranquilles des hommes; ils ne font pas une démarche, ils ne remuent pas le petit doigt pour empêcher une injustice sociale ou accomplir une œuvre d'apostolat.

Cette attitude a été le principe de la plupart des malheurs que nous avons eus à pleurer, et elle peut en produire de plus irréparables encore. Un drapeau qu'on ne défend pas, autour duquel on ne se rallie point, auquel on ne fait pas un bouclier de sa poitrine, dont on ne se montre pas prêt à ramasser dans le sang les lambeaux déchirés, c'est un drapeau compromis aujourd'hui; demain, ce sera un drapeau perdu.

Les statistiques montrent que nous sommes plus de trente millions de baptisés en France, c'est-à-dire l'immense majorité du pays. Qui dira que si tous ces catholiques étaient des hommes de caractère, attachés à leur religion, fidèles à la recommandation de l'Esprit-Saint : *Esto vir,* Sois un homme, nous en serions où nous en sommes, et qu'on en serait venu à nous regarder comme une quantité négligeable et négligée, à laquelle on donne la somme de liberté qu'on veut, la somme de droits qu'on veut, la somme de respect qu'on veut? Annibal tenait tête à Rome avec des soldats intrépides et endurants; il fut battu quand Capoue les eut efféminés; ce qui le perdit, ce fut leur apathie. Les amollis et les traînards sont la ruine de toutes les armées. Mieux vaudraient quelques centaines d'hommes résolus qu'une multitude que la bataille apeure et qui se sauve, au premier coup de feu, dans les ravins ou derrière les taillis.

Nous allons sonder cette plaie vive de notre société. En le faisant, peut-être causerai-je de la peine à quelques-uns, à d'autres de la joie. Mais tous, je l'espère, vous vous rappellerez que le prêtre, dans l'accomplissement de son ministère, a tous les droits, parce qu'il parle au nom de Dieu et sous l'influence d'une seule ambition : faire du bien à vos âmes et les sauver.

Nous allons constater ce mal dans ses nuances diverses, en apprécier la gravité à la lumière de Dieu et de la raison et en chercher les remèdes.

I

L'apathie, la mollesse dans la propagation et dans la défense de la vérité religieuse, est-ce un des maux de notre génération?

Je ne crois pas qu'il y ait lieu de le démontrer, tant l'évidence sur ce point fatigue les yeux des moins pessimistes ou des moins clairvoyants. Un simple coup d'œil sur notre temps suffit à persuader que nous ne sommes plus aux siècles où les chrétiens allaient aux arènes, où ils montaient les degrés des échafauds, le sourire sur les lèvres, pour affirmer et défendre leur foi jusqu'à l'effusion du sang, ni même à l'âge où, selon le mot de Tertullien, tout catholique se sentait soldat.

Le soldat est l'homme qui appartient tout entier au service de la patrie : dans la paix, il travaille pour elle, et c'est pour elle, dans la guerre, qu'il combat et qu'il tombe. Son rêve, c'est qu'elle soit puissante et respectée, que ses frontières soient inviolables, que son drapeau soit glorieux ; son ambition, c'est de mourir quelque jour sur un champ de bataille, à l'ombre de ce drapeau sacré.

A ce compte, combien de catholiques contemporains ne sauraient être appelés les soldats de leur foi ! Rien de moins résolu et de moins martial que leur attitude dans le service de la vérité. Leur préoccupation première, c'est que leur commerce aille bien, que les denrées se vendent le prix normal, que la Bourse ne subisse pas de fluctuations trop imprévues, qu'ils arrivent à établir leurs enfants dans de belles conditions, qu'ils s'assurent pour leurs vieux jours des rentes arrondies et des placements de tout repos. Mais les destinées de leur foi sont un de leurs derniers soucis. Ils ne disent rien, ils ne rêvent rien, ils n'entreprennent rien, ni pour la propager, ni pour la défendre. Tandis qu'elle est assaillie de toutes parts, ils ne suivent ses luttes que d'un œil distrait ; ils n'ont pas le désir, ni même la pensée, de prendre part à la mêlée. Assis à des foyers confortables, ils se bornent, à chaque coup de feu, à geindre sous le manteau de la cheminée, et, de loin en loin, à aller voir par le trou de la serrure comment va tourner la bataille.

De tels catholiques sont-ils une exception aujourd'hui ? Il y a des nuances dans l'apathie comme il y a des degrés dans le sommeil ; mais regardez autour de vous, dans vos relations, dans votre famille ; regardez en vous-mêmes peut-être ; faites un dénombrement, et vous verrez qu'ils sont légion ceux qui, un peu plus, un peu moins, d'une manière ou d'une autre, sont atteints de ce mal, ceux que, sans injustice ni exagération, nous pouvons appeler des chrétiens apathiques.

Le chrétien apathique, c'est celui qui ne comprend pas que le devoir du zèle et de l'apostolat est un des devoirs fondamentaux du catholicisme, qui croit être catholique, et même bon catholique, tout en bornant sa religion à quelques pratiques cultuelles généralement assez étroites, et qui se désintéresse du genre humain en s'appuyant sur cet axiome, inventé par un égoisme farouche : « C'est assez pour chacun de s'occuper de son propre salut. » Dans les premiers temps, c'était une doctrine universellement acceptée que tout baptisé est apôtre. Les siècles chrétiens ont tous partagé cette conviction. Il y a seulement cinquante ans, Lacordaire pouvait prouver la divinité de l'Église par l'ardeur et par les dévouements de son prosélytisme. Elle n'était pas apparue ou elle était moins florissante qu'aujourd'hui, cette race des catholiques qui ont inauguré et qui pratiquent la théorie païenne du « chacun pour soi ». Ils ne se connaissent pas la vocation de travailler au bien des autres ; ils ne se croient investis d'aucun devoir de coopération à la diffusion et à la défense de leur foi. Sous mille formes, à tout propos, ils pourraient exercer une influence salutaire là où ne parvient pas l'effort direct de l'apôtre de profession, dans l'intimité de la famille, dans les rapports quotidiens du patron et de l'ouvrier, dans les relations habituelles entre gens de même labeur ou de même rang social. Ils n'y songent même pas. Possesseurs égoïstes de la vérité, ils n'aspirent pas à en partager le trésor avec ceux qui en ont faim. Ils sont devant les hommes ce que leur situation veut qu'ils soient : savants, artistes, orateurs, soldats, industriels, magistrats, fonctionnaires, travailleurs obscurs; ils ne sont que cela : ils ne sont pas chrétiens. Ils vivent quelquefois côte à côte avec des âmes aimées fermées à la lumière, et ils n'ont pas souci de la leur donner. Ils sont mêlés chaque jour à une société libre penseuse et pervertie, et ils ne font rien pour l'assainir et l'éclairer. Ils voient les pires doctrines conquérir les âmes et les dévaster, et ils demeurent les témoins impassibles et désintéressés de ces ravages; ils n'opposent aucune digue aux envahissements du mal. Enveloppés dans la sollicitude de leurs intérêts personnels, ils sont pour eux-mêmes tout le genre humain ; ils n'ont rien entendu ou ils n'ont rien compris de cette parole dite par Dieu : « Tout homme a la charge de l'âme de son prochain. »

Le chrétien apathique, c'est celui dont l'esprit s'élève jusqu'à l'intelligence du devoir de l'apostolat, qui en comprend la nécessité, mais qui n'a pas le courage de le remplir. Il en saisit toute la grandeur; il sait que son salut personnel, que le salut social, que le salut même de la religion en France sont à ce prix; mais, nonchalant, négligent, égoïste et toujours replié sur lui-même, il redoute toute gêne; il prend peur devant tous les sacrifices : sacrifices de temps, sacrifices de talent, sacrifices d'argent.

Qui veut être apôtre doit se familiariser avec le renoncement. Il faut sortir de soi, de son monde, de ses aises ; on ne peut donner la vérité qu'en se donnant soi-même. L'apathique répugne à cet effort. Il pourrait parler religion dans son milieu à ses amis, dans sa famille à ses parents ; mais il lui est plus facile et plus doux de causer d'art, de littérature, de théâtre, du dernier discours politique ou du dernier roman, que de prendre des airs de carême pour parler religion. Riche, ne manquant de rien, capable de faire de larges aumônes sans amoindrir sa magnificence ni ses plaisirs, il pourrait aller à l'ouvrier, au pauvre, l'aborder dans l'atelier où il peine, dans la mansarde où il souffre ; mais il lui est plus facile et plus doux de rester chez lui, où il a des habitudes bien réglées, se lève quand il est las de dormir, mange à des heures toujours les mêmes, lit son journal sans être dérangé, que d'errer à travers les faubourgs, dans les rues étroites, de chercher le logement du pauvre, de monter l'escalier raide et obscur qui mène à son taudis, de s'asseoir sur la chaise boiteuse, d'entendre les doléances et les gémissements de la misère. Il aime bien mieux donner ses pièces d'argent ou d'or à son curé ou à la sœur de Charité, pour qu'ils les distribuent : il craint la gêne et il se borne à faire de la charité par intermédiaire, de l'apostolat par procuration.

Dès qu'il s'agit d'une action personnelle, tout sacrifice est supérieur à son courage. « Grand Dieu! où trouverait-il du temps? » Du temps, en fait, il en a pour tout : en hiver, pour le cercle et le spectacle; au printemps, pour les courses; en été, pour les distractions de la ville d'eaux ou pour les plaisirs de la plage; pour ceux de la chasse en automne. Du temps, nous en avons, certes, pour toutes les frivolités. Que Barnum[1] arrive; que ses affiches s'étalent, blanches, rouges, vertes, jaunes, sur toutes les murailles; que le bruit de ses grosses caisses retentisse dans nos faubourgs, tout le monde est aux fenêtres, et le lendemain, à l'heure dite, tout le monde est dans la rue. La foule se précipite, et il faut augmenter la police pour empêcher qu'elle ne s'écrase. Le marchand a quitté son comptoir, le laboureur sa charrue, le journaliste sa plume, l'officier sa caserne, l'homme d'affaires son étude; pour un peu le lévite aurait

---

[1] Sous ce nom, en ces dernières années, un Américain a conduit et exhibé dans les principales villes d'Europe une ménagerie qui a excité partout la curiosité de la foule et qui a fait sensation.

quitté ses autels. Toute Athènes est sur la place
publique. Et où donc vont les Athéniens? Entendre
quelque politique célèbre leur parler des intérêts
de la patrie? Pas du tout. Un orateur renommé
leur enseigner la vérité? Encore moins. Ils se
hâtent, se dépassent, se culbutent, pour voir…
des éléphants ! Mais qu'il s'agisse de faire un acte
de prosélytisme, d'aller entendre parler de Dieu,
de justice, de vertu, de paraître à l'église pour
montrer que la foi est toujours vivante : les
Athéniens demeureront dans leur chambre, assis
dans leur fauteuil, les pieds tendus vers leurs
chenets.

Quand il est question de prendre part à une
œuvre de zèle, de travailler à acquérir de l'influence autour de soi, dans sa commune, son
département, le pays, on n'a plus de temps; on
n'en a plus, parce qu'on ne veut pas se donner
la peine d'en prendre. On aime bien mieux bou-
der à son siècle, déclarer qu'il n'y a rien à faire,
que tout est fini, et pleurer, Cassandre inconso-
lable, sur des ruines éternelles. Ce catholique
a de l'intelligence cependant : il a fait de solides
études dans les collèges religieux, honorablement
conquis des diplômes enviés. Si je regarde notre
société, j'y vois une foule de catholiques qui ont
plus de vrai mérite que beaucoup d'incroyants :

avocats, ils portent au forum une parole entourée d'honneurs et d'applaudissements; hommes d'affaires, ils sont d'une probité reconnue et qui ne fut jamais prise en faute; médecins, ils ont une clientèle distinguée et reconnaissante; professeurs, ils jouissent de la confiance des familles; sans contéste, ce sont les meilleurs, les plus intelligents et les plus estimés de leurs concitoyens. Mais, parmi eux, combien sont assez généreux pour tirer profit de leurs talents ou de leur situation en faveur de l'Église, pour descendre résolument dans la mêlée, pour se faire, par la parole, par la plume, les apôtres déclarés de la vérité? Ils n'écrivent point, ils n'agissent point; ils ne font rien, rien du moins de décisif pour défendre les intérêts religieux et pour porter la lumière dans les âmes.

L'argent même, cet argent qu'ils donnent aux œuvres sociales ou catholiques, c'est la mort dans l'âme et d'une main émue qu'ils l'arrachent à leur bourse parcimonieuse. Quand on considère l'état financier des sociétés bibliques, on est comme frappé de stupeur devant les prodigalités du protestantisme anglais. Qu'il y ait, dans l'Église, beaucoup de catholiques médiocrement fortunés, qui se montrent relativement plus généreux que les milliardaires de Londres, ce n'est pas douteux;

mais je n'oserais dire qu'ils sont bien rares ceux
dont les largesses sont calculées d'après les conseils de l'égoïsme, non d'après ceux d'une vraie
charité. On entend quelquefois des chrétiens
excellents, — j'en connais parmi vous que je vénère
et que j'aime, — on les entend, dis-je, se plaindre
de ce que nos chefs ne nous mènent pas au combat, de ce que l'armée catholique est démoralisée,
n'ayant pas de capitaines. Nos chefs font ce qu'ils
doivent et ce qu'ils peuvent ; il nous appartient
d'ailleurs de les suivre, non pas de les juger ;
mais ce qui est clair, c'est que, s'ils voulaient
livrer de grandes batailles, ils seraient exposés,
par notre faute, dès l'entrée en campagne, à manquer du nerf de la guerre. Je vois bien qu'on
entend qu'ils foncent sur l'ennemi, et qu'on les
gourmande de ne pas aller au feu tous les
matins ; je vois bien que chaque fidèle a dans
sa tête un plan de campagne tout dressé, un programme arrêté pour culbuter l'adversaire et tout
remettre à neuf ; mais je ne vois pas que tous ces
intransigeants s'adjugent les fonctions d'éclaireurs,
qu'ils se portent hardiment sur les points où l'on
se fait tuer, ni simplement que, pour ravitailler
les troupes d'avant-garde, ils plongent leurs mains
bien profond dans leurs poches. De l'argent, en
notre temps, on n'en a jamais trop pour les

voyages, pour le plaisir, pour la toilette. A nos catholiques affadis il faut, sur leurs tables, des raffinements choisis, des fleurs de Nice dans leurs salons; dans leurs maisons, un confortable, des richesses, des ornements d'un luxe oriental ; à nos mondaines, il faut des toilettes d'une recherche inouïe, de vraies folies de parure, des diamants aux mains, des diamants au cou, des diamants dans les cheveux, de quoi former, comme dit Bossuet, la subsistance de vingt familles. Étonnez-vous que, ces notes payées, il reste peu pour le bien. Si nos catholiques savaient de quelle race ils sont, s'ils imitaient la simplicité et les mœurs austères de leurs ancêtres, s'ils ne se laissaient pas envahir par les habitudes du paganisme, ils pourraient, comme jadis, payer la dîme à Dieu; mais le christianisme n'est pour eux qu'une étiquette; la religion n'a point d'influence pratique sur leur vie; ils recherchent la jouissance avec une insatiable avidité; c'est à pleines mains qu'ils versent l'or dans le gouffre du plaisir et de la mondanité. Quand ce budget formidable est équilibré, qu'ont-ils à offrir aux œuvres et à la cause de Dieu? Des conseils ou des invectives.

Le chrétien apathique est celui qui, non seulement ne comprend pas ou ne pratique point le

devoir du zèle, mais qui, catholique, craint de se
montrer tel dans la mesure où sa conscience l'y
invite, et subit la tyrannie du respect humain. Il
règle sa religion sur les caprices ou les volontés
d'autrui; il va à la messe ou n'y va point, il se
confesse ou ne se confesse pas, communie ou ne
communie pas, par une sorte de fade terreur
des sourires ou des jugements de ceux qu'on
appelait jadis, avec une juste ironie, les esprits
forts. Quand sa religion est attaquée, censurée,
honnie, traînée dans la boue, il n'ose pas en
prendre hautement la défense. Tandis que sévit
la bataille, il envoie aux deux camps les mêmes
sourires et il ne prend point parti pour d'autres
que pour lui-même. Est-il seulement catholique?
Tout ce qu'on en peut savoir avec certitude, en
consultant les registres, c'est qu'il est baptisé,
qu'il a été marié à l'église, qu'il a fait enterrer
son père religieusement; mais on ne le surpren-
dra jamais à faire profession ostensible de sa foi.
Il la cache comme on cache une tare ou comme
on cache un drapeau déshonoré. Il en rougit, et
il est prêt à toute heure à la renier, comme
Pierre, chez Caïphe, se montra prêt à renier
Jésus. Qui ne se souvient de cet épisode de la
Passion? Le Sauveur avait été traîné chez Caïphe.
Entré furtivement à sa suite dans l'atrium du

tribunal, l'apôtre se tenait incognito dans la foule, quand survint une servante qui lui dit : « Tu es bien des amis de cet homme? » Pierre, ainsi reconnu, se trouble; la rougeur lui monte au front, la tête lui tourne, et il prend peur. « Non, non, dit-il, je ne le connais pas. » L'impiété, la haine, traduisent chaque jour l'Église à leur tribunal et la condamnent sans jugement. Et, tandis que se déroule cette comédie sanglante, il se rencontre des chrétiens qui craignent de paraître ce qu'ils sont, se déconcertent et prennent peur.. Et de quoi donc ont-ils peur, grand Dieu ! ces catholiques étranges? De la mort? Nous ne voyons pas que l'échafaud soit dressé et que le sang ait commencé à couler. De l'exil? Les lettres de proscription n'ont pas été préparées. De la perte de leurs biens? Rien ne prouve qu'on songe à les leur ravir. Les malheureux! les malheureux! ils ont peur simplement des sourires d'une servante !

Le chrétien apathique, ce n'est pas seulement celui qui rougit de sa religion par respect humain, c'est aussi celui qui l'abandonne, qui, extérieurement du moins, en déserte la cause par ambition, par amour immodéré des honneurs, des places, de l'or, de l'avancement.

Ce mal, à des degrés divers, a été de tous les temps. Bossuet l'appelait : la recherche excessive de l'amitié des grands.

Pilate, faible, ambitieux, mais d'une certaine droiture d'âme, aurait voulu sauver le Christ, qu'il voyait innocent. Les Juifs remarquèrent son hésitation, et ils s'écrièrent : « Tu n'es donc pas l'ami de César? » Ce fut un coup de foudre pour le gouverneur romain. Il crut entendre les pas du centurion qui lui portait la disgrâce, et sentir dans ses chairs la pointe de l'épée avec laquelle Tibère frappait ses ennemis.

Et à Rome, où l'ambition ne mena-t-elle pas le Sénat, si puissant et si glorieux au temps de son indépendance? Il ne fit aucune opposition aux folies sanguinaires des empereurs de la décadence, parce qu'il formait alors une assemblée de dégénérés, qui commençaient à avoir le dos ployé pour s'être longtemps habitués à la servitude. Ils étaient à vendre, et si on ne pouvait en avoir raison par des menaces, on les gagnait à prix d'argent.

Plus tard, au temps des La Vallière, des Montespan, des Pompadour, que fut la cour de France? Magistrats, généraux, hommes d'église y rivalisaient de bassesse, sacrifiant tout, même l'honneur, à l'amitié des grands.

L'on croira peut-être que je suis en pleine

digression et l'on dira : « Au xxᵉ siècle, alors que la démocratie est souveraine, où sont les grands ? » Il n'y a pas si petit qui ne soit grand par rapport à plus petit que lui. Un contremaître est un grand pour un ouvrier, un sous-officier pour un soldat, un régisseur pour un domestique, un commis pour un employé. Il arrive que ces petits trahissent leur conscience pour gagner l'amitié de ces grands ou pour échapper à leurs vexations.

S'il en faut si peu pour amener un malheur si extrême, que sera-ce donc quand l'appât sera devenu plus fort, et que, pour acheter les âmes, on y mettra le prix?

Les honneurs, les titres, les places, les avancements, l'or, furent de tout temps pour les humains une amorce puissante. Il n'y a pas de siècle où les routes de l'ambition aient été désertes. Aujourd'hui elles sont plus encombrées que jamais. Prières, intrigues, diplômes, mérites et talents, bassesses, quand il n'y a ni talents ni mérites, tout sert à se frayer un passage.

Ah! si la religion est puissante, si elle est en situation de pousser les intrigants, ils font sonner bien haut leur titre de catholiques; il n'y a presque pas d'assemblée où ils ne laissent voir, comme par distraction, leur scapulaire, et où

ils ne paraissent un chapelet dans les doigts.
Mais que la religion vienne à être mal en cour,
ils s'en éloignent, ils ne la connaissent plus. Une
voix intérieure leur crie bien : « Ne trahis pas
ton âme, ne trahis pas ton Dieu ! » Mais ils savent
que fréquenter l'église est mal porté, qu'on fait
la chasse aux catholiques, que la presse les guette,
que la politique les dénonce, que les sectaires les
frappent. En face de ces injustices, un cœur viril
s'exalterait ; des lèvres vaillantes trouveraient
d'énergiques protestations. Pour eux, ils pensent
à cette place, à ce ruban, à ce traitement rémunérateur. S'ils allaient le compromettre ! La peur
les prend, et ils se terrent comme un gibier
qu'on traque. Ils n'affichent pas leurs convictions ; ils les cachent ou ils les renient. Ils ne
défendent point leur foi ; ils l'abandonnent ou ils
la trahissent. Ils pactisent et se mettent en coquetterie avec ses pires adversaires. Vous verrez
ce chrétien sans caractère détourner la tête pour
ne point saluer sur le boulevard son ami bien
pensant ; mais il apparaîtra, en toute occasion,
comme l'ami officiel de gens auxquels il ne con-
fierait pas sa bourse peut-être, ni sa fille, mais
auxquels il confie son âme ; il est fier de leur
protection, il boit leurs sourires ; il s'assoit à
leur table, serait-ce le vendredi, et les convie

à la sienne; il s'épuise en bassesses. On parle de liberté. Où est sa liberté, puisqu'il subit, en toutes choses, le joug de gens qu'il n'estime pas, mais qu'il redoute au point de ne pas oser leur déplaire? On parle de dignité. Où est sa dignité? Il est plus avili que l'esclave qui, s'il obéit à un maître, n'a rien à en obtenir par des lâchetés et par des compromis.

Le chrétien apathique, c'est celui qui, sincèrement croyant, ne met pas sa vie pratique en harmonie avec ses convictions, et qui, catholique par la foi, apparaît au monde avec les habitudes et les mœurs d'un païen. Sa religion lui fait un devoir de la prière, de la confession, de l'assistance à la messe; mais la prière est une gêne, la confession est une barrière; la messe est une servitude sans charme, à moins qu'il ne s'agisse d'une de ces messes mondaines où il est de bon ton d'étaler les toilettes. De ces devoirs il s'affranchit aisément, comme il s'affranchit de toutes les autres obligations de la vie chrétienne. Sa mortification, c'est de se priver de ce qu'il ne peut pas avoir. Son humilité, c'est de ne pas dépasser dans le luxe, dans les caprices et les fantaisies, les ressources de son budget. Sa charité, c'est de ne faire l'aumône qu'avec éclat et de la proportionner aux conseils de son égoïsme plutôt qu'aux sollicitations et aux besoins de la misère. Son austérité, c'est de se sevrer du plaisir quand il en est saturé, d'être de toutes les fêtes, de faire du carême ce qu'est la saison pour les protestants de Londres, d'y danser chaque soir jusqu'au dimanche des Rameaux et de reprendre le lundi de Pâques. Cet homme de plaisir, ce n'est pas un catholique, c'est tout au plus un dilettante du catholicisme.

Le chrétien apathique, c'est celui qui organise sa vie dans le désœuvrement et qui la voue à l'inutilité. Le travail est la plus noble parure de l'homme. Rien, pas même le génie, n'en égale la beauté. Mais le désœuvré, l'homme inutile, a un bien autre idéal. Son idéal à lui, c'est qu'il arrive à avoir une fortune suffisante pour une vie large et jouisseuse, qu'il ait un portefeuille prudemment organisé, des valeurs de tout repos, le confort désirable, les distractions nécessaires, le moins d'ennuis possible. L'histoire de son existence est courte : vingt années durant, il fait son éducation, prépare des examens et finit par obtenir les diplômes nécessaires. Il tâche ensuite d'avoir une carrière, et généralement il la manque. Il songe à se marier ; il se marie, confie ses enfants

à des bonnes, à des domestiques, à des professeurs, leur fait faire des classes, s'occupe de
les établir le mieux possible. Ces occupations
ne suffisant pas à l'absorber, il joue, il va au
cercle, il fait du sport, il chasse. Ah! l'heureux
homme, en vérité, l'heureux homme que ce catholique au sein des persécutions contemporaines!
On attente, il est vrai, aux droits de l'Église; on
supprime une à une ses libertés; mais que peut-il
y faire, lui? Que voulez-vous qu'il y fasse? Tout
ce qu'il souhaiterait, c'est que sa douce vie durât
toujours, toujours, et que Dieu lui signât un
renouvellement de bail pour des périodes indé-
terminées.

Ces heureux-là, ces jouisseurs satisfaits, à quelle
religion appartiennent-ils? Sont-ils les disciples de
Jésus-Christ ou d'Épicure? Je vous le laisse à
deviner. La religion du Christ a le ciel pour terme
et l'austérité pour base, et il semble qu'ils ne
connaissent pas d'autre ciel que celui de Maho-
met, qu'ils soient incapables de se déprendre de
l'égoïsme et de s'arracher à la domination des
sens.

On peut définir le catholique : un homme qui
se rend utile à ses semblables. Mais ceux-là, à qui
servent-ils? Ils sont au vrai chrétien ce que sont
à l'art, aux antiques statues superbement taillées

dans le bois, la pierre ou le marbre, les terres cuites badigeonnées et les bibelots fantaisistes. Un bibelot peut être joli et récréer la vue; il attire le regard par l'originalité ou la délicatesse de ses formes; mais il n'est utile à rien. Quand Michel-Ange eut fait son Moïse, tout le monde comprit qu'il fallait à ce chef-d'œuvre une vaste basilique et un dôme immense. Le bibelot n'a besoin que d'une étagère. Personne ne s'avisera de le mettre dans une cathédrale. Non, non, ne placez pas l'homme inutile dans le cadre grandiose de la vie chrétienne : le contraste serait par trop ridicule. Le désœuvré n'est à dimension que pour un salon; il lui faut un boudoir pour encadrement et une étagère pour piédestal : c'est le bibelot de l'humanité.

Telle est, dans son abaissement et sa frivolité, cette existence vide, jusqu'au jour où, la fête étant finie, on quitte la salle du banquet. Souvent on en sort brusquement; la mort éclate comme la foudre sur la tête des convives, et l'âme, toute surprise, épouvantée, tombe d'un coup aux mains de Dieu :

Qu'as-tu fait de ta vie? — Rien.

Qu'as-tu fait de ton temps? — Rien.

Qu'as-tu fait de ta fortune? — Rien.

Qu'as-tu fait de ton intelligence? — Rien.

Qu'apportes-tu dans tes mains au tribunal suprême? Qu'apportes-tu? — Rien, rien, rien.

Savaient-ils, ces catholiques, qu'il faut employer au bien son temps, son intelligence, son activité, ses forces, sa fortune, sa vie? Le savaient-ils?

Savaient-ils que des malédictions furent prononcées contre le serviteur inutile et contre le figuier sans fruits?

Il leur a semblé que la vie était une partie de plaisir, et l'univers, une salle de festin... Qu'ont-ils fait? Qu'ont-ils fait?... Seigneur, ils ont digéré !

Vous le voyez, il y a des degrés et des catégories dans l'apathie contemporaine; mais c'est un mal très répandu dans notre société; ils sont légion, les catholiques qui en sont atteints.

Vous avez beau mettre en avant votre baptême, faire sonner bien haut votre titre de catholiques, si vous ne comprenez pas que l'absence de zèle est la négation même de votre foi, que vous devez être les apôtres de la vérité, vous êtes des catholiques amoindris, non de vrais chrétiens, des fils des martyrs, des disciples de Jésus-Christ.

Si, comprenant ce devoir, vous n'êtes pas prêts à le remplir au prix de tous les sacrifices : sacrifices de temps, sacrifices de fortune, sacrifices de talent, vous avez beau dire, vous êtes des catholiques amoindris et coupables, non pas certes de vrais chrétiens, des fils des martyrs, des disciples de Jésus-Christ.

Si vous traînez au milieu du monde la chaîne du respect humain, si vous rougissez de votre foi par crainte du jugement des hommes ou par désir de leurs faveurs; si vous préférez à votre religion les honneurs, les places, les décorations; si vous préférez le veau d'or à votre Dieu, vous avez beau dire, vous vous vendez! Retenez-le bien, vous vous vendez. Vous êtes des catholiques criminels et lâches, non, il s'en faut bien, de vrais catholiques, des fils des martyrs, des disciples de Jésus-Christ.

Si vous organisez votre vie dans le désœuvrement, si vous vous bornez à vous divertir et à vous reposer, si vous n'avez pas assez d'énergie pour vous refuser à la honte d'être autre chose en ce monde que des consommateurs satisfaits, vous avez beau dire, vous êtes des catholiques amoindris et dégénérés, non de vrais catholiques, des fils des martyrs, des disciples de Jésus-Christ.

Mais si vous comprenez que le devoir du zèle est une obligation fondamentale, votre devoir professionnel, si vous tenez assez à vos croyances pour en devenir les soldats et les apôtres, à la manière des premiers chrétiens, si vous confessez hautement votre foi devant ses contradicteurs et ses adversaires, si vous l'estimez et si vous l'aimez assez pour lui faire tous les sacrifices : sacrifice de votre fortune, sacrifice de votre travail, sacrifice même de votre avancement, oh ! alors, catholiques, c'est bien, c'est très bien : l'Église vous bénit ; Dieu vous contemple avec amour ; vous êtes les ouvriers de la vérité ; vous honorez et vous sauverez votre foi ; vous êtes de vrais chrétiens, de dignes fils des martyrs, des disciples fidèles de Jésus-Christ.

II

La mollesse dans l'accomplissement du devoir de l'apostolat, l'apathie dans le service de la vérité, c'est le défaut de beaucoup de catholiques, défaut fatal qui rend l'Église impuissante et qui nous mène à tous les désastres.

Dieu le condamne : car l'exercice viril du zèle fut, dans tous les siècles, l'obligation fondamentale des chrétiens, de tous les chrétiens, et cette obligation devient plus rigoureuse aujourd'hui que jamais.

Remarquez-le : il ne s'agit point ici d'un ornement de superfétation, utile seulement à décorer la piété des mystiques, ou d'un état de perfection réservé au prêtre ou au moine. L'action en faveur de l'Église, la défense des intérêts religieux s'imposent à tous comme un devoir universel et sacré, aux intellectuels et aux ignorants, aux hommes de négoce et aux paisibles rentiers, aux châtelains et aux laboureurs, aux riches et aux pauvres, aux patrons et aux ouvriers, aux femmes et aux petits enfants.

Pourquoi ? La raison en est toute simple.

« A quoi est obligé tout chrétien par son baptême ?

— A suivre et à professer la loi chrétienne.

— Qu'est-ce à dire ?

— C'est-à-dire que le chrétien doit croire tout ce que cette loi enseigne, pratiquer tout ce qu'elle commande, le croire et le pratiquer d'une manière convenable.

— Et de quelle manière ?

— De tout de son cœur et de toute son âme. Le commandement est formel : « Vous aimerez le « Seigneur votre Dieu de tout votre cœur, de « toute votre âme, de tout votre esprit. Vous « aimerez le prochain comme vous-même. » C'est toute la loi. Le cœur humain est pris entre ces deux préceptes, et sa force, comme son devoir, est d'aller de l'un à l'autre sans en sortir jamais.

— Fort bien ; mais que suit-il de là ?

— Il suit de là que celui qui n'a point de zèle au service de l'Église, que le catholique apathique et amolli usurpe le titre de catholique. Il n'aime pas Dieu. L'amour est comme du feu : *Ignem veni mittere in terram*. De même que le vent souffle au sommet des monts, que le torrent se précipite en rugissant dans la vallée, le feu suit ses lois : il faut qu'il brûle, qu'il dévore, qu'il consume. Mais où est le feu, où est le dévouement, où est l'amour de Dieu dans ces hommes pacifiques à l'excès, qui, l'œil sec, le cœur froid, presque le sourire aux lèvres, voient s'accomplir les plus odieux attentats contre les lois de Dieu ; dans ces chrétiens poltrons qui se cachent sous la tente, tandis qu'on bataille pour le Christ ; dans ces indolents, peureux et transis, qui se retirent sous le manteau de la cheminée pour geindre à leur aise sur les malheurs de l'Église, et dont la foi, muette et sans chaleur, ne sait ni se montrer, ni se répandre, ni se faire respecter ? Où est le feu, où est le dévouement, où est l'amour du prochain dans ces égoïstes qui, pendant que l'erreur envahit les âmes, que l'impiété les égare, que l'immoralité les souille, restent les spectateurs immobiles et désintéressés de ce spectacle; dans ces efféminés qui se ramassent dans leurs fourrures, sans souci du malheureux qui grelotte dans ses guenilles; dans ces impuissants qui sont incapables de faire un acte viril pour le bien de leurs frères? Ils n'aiment pas le prochain, ils n'aiment pas Dieu; ils ne les aiment pas du moins de toute leur âme, puisqu'ils ne tiennent pas leurs droits comme importants et sacrés parmi toutes les choses qui sont sacrées et importantes dans le monde, puisqu'ils n'ont pas à cœur leurs intérêts comme le politicien a à cœur les intérêts de sa politique, le négociant ceux de son commerce, le soldat ceux de sa milice, l'écrivain ceux de ses études, le laboureur ceux de sa moisson. Ils n'aiment pas Dieu, et j'entends tomber sur leur front, du sommet des siècles, l'anathème de l'apôtre : « Maudit soit qui n'aime pas Jésus-« Christ. »

Vous me direz qu'ils sont baptisés, qu'ils envoient leurs enfants aux écoles religieuses, qu'ils lisent un journal indépendant, qu'ils votent dans chaque élection avec les honnêtes gens, qu'ils viennent chaque dimanche à la messe de onze heures. Cela se peut. Mais ils ne font aucun cas du double commandement qui résume toute la loi. Ils ne sont donc pas catholiques dans toute la grande et sainte acception de ce mot. Ce sont des catholiques de décadence, des catholiques à l'eau de rose, des catholiques affadis, que Dieu condamne et que répudie l'Évangile.

Le zèle, le dévouement, l'action virile au service de la vérité religieuse, voilà le devoir des catholiques de tous les siècles; mais ce devoir s'impose à nous d'une manière plus pressante et plus grave en raison des circonstances dans lesquelles se trouve l'Église. Si le fils doit toujours aimer et défendre sa mère, il doit l'aimer et la défendre surtout quand elle est attaquée par des mains puissantes et sans pitié. Si le citoyen doit toujours aimer et défendre sa patrie, il doit l'aimer surtout et la défendre quand elle est malheureuse et opprimée. Or les catholiques de ce temps sont semblables au fils dont la mère est violentée par une main brutale, au citoyen d'une patrie dont l'indépendance périclite, et dont toutes les frontières sont violées à la fois. Que fait alors ce peuple menacé de périr? Il tient tête à l'injustice et à la violence avec un courage suprême. Ce n'est plus seulement l'armée régulière qui marche au combat; tous lui prêtent main forte. Les timides qui, à cette heure décisive, se tiendraient à l'écart du danger, trahiraient un devoir sacré et seraient accablés par le mépris de leurs concitoyens. Ainsi doivent agir tous les catholiques à l'égard de l'Église. Tandis qu'elle est aux prises avec des conjurations redoutables, comment nous désintéresserions-nous de ses destinées? Tandis que les ennemis du Christ proclament qu'ils auront raison de lui et que déjà il est expirant, comment dédaignerions-nous de passer seulement de notre chambre à l'église pour prouver le contraire? En pareille occurrence, rester sous la tente ne pourrait être que le programme de la trahison et de la lâcheté. Que les vrais catholiques, que les hommes de cœur n'acceptent pas ce programme et qu'ils se placent tous à leur poste de combat : propriétaires, à la tête des populations rurales dans l'action religieuse et l'accomplissement du devoir de l'apostolat; patrons, à la tête des ouvriers; maîtres, à la tête de leur famille et de leurs serviteurs; savants, à la tête du mouvement intellectuel orienté vers la vérité; hommes d'œuvres, à la tête du mouvement de justice et de charité qui tend à secourir les malheureux et à relever la condition des travailleurs : un soldat sur chaque brèche, du renfort sur tous les points menacés, partout de ces énergies qui ne capitulent pas, ce sera le salut de l'Église en notre pays et son triomphe assuré.

III

Ce n'est pas assez de connaître la nature du mal dont on est atteint; ce n'est pas assez même d'en avoir compris la gravité. Il importe de ne pas ignorer les remèdes par lesquels on peut en neutraliser les effets et de les appliquer.

Que l'apathie d'un trop grand nombre de catholiques soit un des fléaux de l'Église en notre temps, que ce défaut fatal soit comme la négation du christianisme dans ses deux préceptes essentiels, ce n'est pas contestable; mais quels réactifs lui opposer?

Un des premiers remèdes à l'apathie dans la défense des intérêts religieux, c'est la confiance, une confiance invincible dans la cause que nous servons et dans le Dieu qui la protège. Les armées démoralisées sont des armées vouées à la défaite; elles vont au feu mollement, parce qu'elles y vont sans espérance.

Et pourquoi donc, catholiques, seriez-vous semblables à ces soldats qui jettent leurs armes en fuyant ou qui se couchent dans le fossé, tremblants et découragés? J'en conviens, nous sommes en pleine tempête; mais les tempêtes passent, et le soleil demeure; le firmament n'est pas brisé par le tumulte des vents.

L'antichristianisme remportât-il une victoire complète parmi nous, ce ne serait jamais une victoire définitive. Non, l'humanité ne peut pas se passer de religion, ni en inventer une supérieure à l'Évangile. Beaucoup, et des plus habiles, s'y sont essayés; ils n'ont pas réussi, et les apostasies des peuples baptisés ont toujours été suivies de solennelles abjurations. Si vous expulsez Dieu, un jour viendra bientôt où les âmes et la patrie se montreront inconsolables de son absence et où elles le rappelleront à grands cris. Il rentrera en maître, malgré ses ennemis stupéfaits; des autels nouveaux lui seront érigés avec les ruines accumulées par l'impiété, et les blasphèmes inconsidérés d'un jour feront place sur toutes les lèvres aux hosannas des anciens triomphes.

Il en fut toujours ainsi. Un esprit superficiel et puéril pourrait seul penser que l'histoire ne se répète pas et regarder le mal comme une nouveauté de l'an 1903. Si vous revenez sur les siècles écoulés, vous y voyez que, d'un bout à l'autre des annales du genre humain, l'Église se débat dans la persécution et dans le sang, et que toutes

ses épreuves, même celles qui, de l'avis des politiques les plus expérimentés, devaient aboutir à
une ruine irréparable, se sont achevées par des
triomphes. Ses trente premiers papes meurent
martyrs. Sous le Bas-Empire, durant une période
de cinq cents ans, la plupart de ses pontifes appa-
raissent tout en larmes au milieu des persécutions
et sur les ruines des nations. Au moyen âge,
époque réputée la plus favorable à la religion,
les tribulations de l'Église sont dignes des temps
les plus ténébreux. Alexandre II périt misérable-
ment ; Grégoire VII meurt en exil ; Pascal II est
lié avec des cordes comme un criminel, et il succombe à la souffrance et au chagrin. Innocent IV
se réfugie en France ; Alexandre IV succombe en
exil ; Boniface VIII reçoit le soufflet de Nogaret...
Et ce n'est qu'une part infime des malheurs qui
fondent sur l'Église et sur la papauté. Où en était
l'Europe au temps de Clément XIV, et que fut
tout le xviiie siècle, sinon une vaste conspiration
contre l'Église ? Gens de lettres, gens de cour,
gens d'église quelquefois, toute la société était
du complot. On croyait la partie gagnée. « Ah !
s'écriait Voltaire, dans vingt ans nous aurons
beau jeu du Christ. » On estimait communément
que ce serait bien le dernier délai, quand on
entendit tout à coup comme un vaste bruit d'orage.

Dieu était debout; de sa droite il secouait le monde. La tempête passa, déchaînée, furieuse. Quand elle fut apaisée, que restait-il de la religion? Un autel souillé, sur lequel s'étalait, a dit Lacordaire, « le marbre vivant d'une chair publique. » Qu'auriez-vous pensé? Assurément que c'était fini, qu'il fallait se hâter de creuser la fosse et de chercher un linceul. Et cependant vous savez ce qui s'est passé : les peuples ont été bouleversés, les gouvernements sont tombés, les dynasties se sont éteintes, et l'Église est demeurée debout sur les ruines, comme au fond d'une forêt dévastée par les flammes quelque grand chêne dont le feu n'a pu atteindre la rude écorce et dont la vigueur s'est accrue par les cendres entassées sur ses racines.

Qu'adviendra-t-il? Le vent des révolutions passera-t-il de nouveau sur nos têtes? Revivrons-nous les tristes jours de nos pères; et devrons-nous suivre les chemins qu'ils ont marqués de leur sang? Peut-être. Mais ce que je sais bien, c'est que, comme les autres, ce siècle nouveau s'achèvera par les victoires de Dieu et de la vérité. La bourrasque présente s'apaisera; d'autres, qui surgiront ensuite, s'apaiseront à leur tour. Il y aura des souffrances endurées, des larmes répandues, du sang versé peut-être, et plus d'une fois

Dieu devra prendre la main de ses enfants pour les empêcher de défaillir. Mais il y a une chose que nous, catholiques, nous n'ignorons pas, c'est que les tempêtes porteront l'Église, au lieu de la submerger. Elle survivra à toutes les agitations et à toutes les injustices. Elle enterrera le siècle présent comme elle a enterré ceux qui l'ont précédé, et elle en gardera la tombe. *Christus heri, Christus hodie, Christus in sæcula.*

Le découragement ne doit donc pas être invoqué comme une excuse de l'inertie. Il n'est pas permis ni possible à un catholique de n'avoir pas une confiance inébranlable dans l'avenir de la cause de Dieu et dans son triomphe final.

Soutenu par cette confiance, il doit agir. Mais comment? Vous croyez peut-être que je vais faire l'énumération des œuvres par lesquelles s'exerce le prosélytisme religieux? Point du tout. Il n'y a pas d'œuvres possibles là où il n'y a pas une connaissance éclairée de la religion, et le meilleur réactif de l'apathie, c'est certainement la science religieuse. Lacordaire a dit : « Dès qu'une âme a la foi, elle se fait apôtre[1]. » Cela est. Mais, par une conséquence évidente, une foi qui n'est

---

[1] *Sainte Madeleine,* ch. 1.

pas une foi profonde et éclairée ne saurait être une foi agissante. Votre foi est stérile; pourquoi? C'est qu'elle n'est pas lumineuse. Le peu que vous savez est chose vague, flottante, indécise. La raison hésitant, la volonté ne saurait agir.

De là, on n'en peut douter, la stérilité déplorable d'un trop grand nombre de demi-chrétiens de notre temps dans la propagation de leurs croyances. Ah! s'il s'agit de faire de leurs fils des bacheliers, ils ne négligent rien pour les instruire. S'il s'agit de lancer une affaire lucrative, ils multiplient les démarches et font une propagande effrénée. S'il s'agit de faire triompher un système politique et de préparer une élection, ils mettent sens dessus dessous tout un département. Mais quand il est question seulement de donner des âmes à Jésus-Christ, c'est autre chose. On ne se passionne pas pour l'inconnu. Souvent les pères ne sont ni désireux ni capables d'instruire leurs enfants en matière de foi; les maîtres ne s'y croient pas obligés envers leurs serviteurs ou leurs ouvriers; les princes, les magistrats... vous savez ce qu'il en est. Aussi, les temps sont mauvais surtout parce que, comme disait le prophète, « les enfants errent par les places, gémissant et demandant du pain, et qu'il n'y a personne pour leur en donner. »

De là aussi ce demi-christianisme qui nous envahit, ces existences d'aujourd'hui qui sont une comédie de la vie chrétienne, avec des atténuations progressives du devoir, la nullité pratique de ces chrétiens et de ces chrétiennes pour lesquels la religion n'est qu'une étiquette. Ce soir même peut-être, en d'excellentes familles qui croient de bonne foi représenter l'esprit catholique, il y aura de vrais festins, au temps où la loi de l'Église recommande l'abstinence; des amusements et des frivolités, alors qu'il faudrait méditer les pensées et les paroles qui descendent de la croix. Ce n'est plus la vie chrétienne, mais une légèreté de mœurs, une recherche du plaisir, une décadence morale, qui sont proches de la corruption païenne.

Et croyez-vous que les productions de l'impiété, ses discours, ses journaux, ses livres auraient faveur dans un peuple qui serait instruit de sa religion? Point du tout. Ce qui fait tout leur succès, c'est l'ignorance. L'âme populaire, vide, sans convictions fermes parce qu'elles ne sont pas éclairées, est une proie offerte à toutes les erreurs.

Ce qui donna jadis à l'Église une action si puissante sur les intelligences, c'est justement qu'elle avait formé des générations instruites. Il n'y avait pas que ses prêtres et ses moines qui fussent familiarisés avec sa doctrine et capables de s'en faire les apologistes. Dès les premiers siècles, des laïques la défendirent avec l'érudition des docteurs. Au temps de saint Jérôme, de simples chrétiennes composaient sur l'Écriture des traités savants. Au moyen âge, des adolescents soutenaient en Sorbonne, sur des sujets religieux, des thèses dont la discussion durait deux jours entiers. Plus tard on trouvait des hommes de guerre, comme Condé, qui tenaient tête à Bossuet sur les questions les plus ardues de la théologie, et dans les cloîtres, des femmes qui lisaient la *Somme* à livre ouvert. Je connais des temps où la *Somme* que lisent beaucoup de chrétiennes, c'est le feuilleton de leur journal ou les productions équivoques de leur romancier favori. En vérité, comment répandront-ils la lumière, ceux qui vivent dans les ténèbres? Comment feront-ils reculer l'ennemi et le mettront-ils en déroute, ceux qui sont désarmés? Par un miracle sans doute? C'est ainsi que David gagna une bataille avec une fronde, et Samson, avec une arme plus rudimentaire encore; mais le miracle n'est pas la loi ordinaire. Ce qui est normal et régulier dans un combat, c'est que le plus habile, le mieux dressé, le mieux armé l'emporte, et qu'on bat l'ennemi avec des fusils de précision et des épées bien aiguisées.

Ce n'est pas que nous voulions exagérer les devoirs des catholiques contemporains et leur demander une science religieuse qui fasse pâlir celle de saint Thomas ou de saint Augustin. Mais ce ne serait sans doute pas une exigence excessive que de demander aux chrétiens de connaître le catéchisme. Savoir le catéchisme, c'est l'obligation professionnelle du baptisé, c'est une nécessité évidente; le savoir sérieusement, non pas seulement à la manière des écoliers, mais comme chacun sait les règles qui concernent sa profession, comme l'ouvrier connaît les règles de son métier, le peintre celles de son art, l'écrivain celles de la rhétorique, le politique ou le diplomate celles du droit. Or, dans notre société, où sont les laïques qui connaissent bien le catéchisme? Soyons sincères : avocats, médecins, notaires, officiers, professeurs, magistrats, journalistes, voudriez-vous me dire franchement si vous savez votre catéchisme? Au lycée, il n'est pas bien porté d'en apprendre beaucoup; dans les collèges religieux, il n'y a pas de temps à perdre, étant donné qu'il faut arriver au baccalauréat, porte ouverte sur toutes les carrières; on apprend donc de l'histoire, de la philosophie, des mathématiques, de l'histoire naturelle, et on se gave de cette nourriture jusqu'à en avoir l'estomac malade; mais de la religion on ne retient que quelques formules sèches et incomprises, sur lesquelles, dans la suite, on ne revient jamais. Quand y reviendrait-on? Dans la jeunesse? Mais il faudrait qu'il n'y eût plus de succès de galanterie et d'élégance à remporter, de sourires à recueillir, d'ivresses à savourer, d'héritières à épouser. Dans l'âge mûr? Vous n'y pensez pas; il y a mille affaires qui rapportent cent pour cent, même honnêtement, et on peut aider la Providence. Et, en définitive, on passe sa vie à faire de la science, ou des affaires, ou de la politique, ou même à ne rien faire du tout; mais il est d'expérience que la plupart des hommes de ce temps grandissent, vivent, meurent sans connaître le catéchisme.

Et cependant un catholique éclairé ne devrait pas se borner à n'avoir que des notions élémentaires de sa foi, à une époque où elle est en butte à toutes les attaques. Les hommes de cette génération ne sauraient se contenter de ce qu'on a appelé la foi du charbonnier, suffisante peut-être pour le salut du charbonnier, mais non point pour celui de tous, parce que la foi est affaire, non pas surtout d'imagination et de sensibilité, mais de raison et d'intelligence. Le devoir rigoureux de tous les chrétiens de ce temps est d'étudier, de s'instruire, d'acquérir une somme suffisante de connaissances pour être à même de dissiper les doutes, de résoudre les difficultés, de répondre aux attaques, de confondre les blasphèmes.

Trop souvent, ou ils ne comprennent pas ce devoir, ou ils le remplissent mal. C'est ce qui explique qu'ils se montrent si désarmés en présence des objections les plus insignifiantes et incapables de tenir tête au savoir d'un instituteur de village ou d'un herboriste de chef-lieu de canton. Que Dieu me pardonne si je médis des adversaires de l'Église en avançant qu'ils n'en savent pas long sur la question religieuse. La création du monde en six jours, Adam et Ève, le paradis terrestre, le déluge et l'arche, les renards de Samson, l'Inquisition, la Saint-Barthélemy, l'infaillibilité du pape, et cinq ou six autres clichés du même genre, c'est tout leur bagage scientifique, tout le fond de leur érudition. Et cependant il y a des catholiques qui se sentent assez ignorants pour que ce bruit de ferraille suffise à les déconcerter; ils ont peur de toute agression; ils fuient tout combat; ils se font petits et humiliés devant l'impiété audacieuse; ils passent, la tête basse, oui, la tête basse, devant de prétendus fils de Voltaire, ces catholiques qui ont derrière eux dix-neuf siècles d'histoire intellectuelle, capables de les couvrir d'une gloire incomparable, et les plus beaux génies dont s'enorgueillisse le genre humain.

Catholiques, souvenez-vous de ces traditions qui sont l'honneur de votre foi et demeurez-y fidèles ! Instruisez-vous de votre religion, afin de vous faire des convictions fortes, d'être à même de les défendre contre l'ignorance et les préjugés et de rester aux yeux du monde ce que Dieu vous a faits et ce que vos pères furent toujours dans l'histoire : des enfants de lumière.

Le jour où vous aurez une foi éclairée, on le reconnaîtra à ce signe : c'est qu'elle sera une foi active, une foi jaillissante. Vous en deviendrez les apôtres ; vous parlerez haut et ferme en sa faveur. Cette croisade de saintes paroles est une des choses qui pourraient le plus efficacement contribuer à nous sauver. Comme la puissance de l'apostolat catholique serait accrue s'il était exercé non seulement par les apôtres de profession, mais par tous les disciples de l'Évangile ! L'action du sacerdoce, à laquelle les habitudes sociales imposent tant d'infranchissables obstacles, s'étendrait à toutes les âmes, grâce à la multitude des auxiliaires dévoués qui en seconderaient l'effort. La parole du prêtre aurait partout des échos qui en porteraient les enseignements au delà du désert qui seul trop souvent les entend [1].

Si éloquent usage qu'on fasse de la parole, elle est moins utile aujourd'hui que la presse à l'action religieuse. On a répété bien souvent que nous sommes un siècle penseur. C'est une flatterie. Ne nous y laissons pas prendre et rendons-nous justice loyalement, en reconnaissant que nous sommes simplement un siècle liseur. Beaucoup de Français ne pensent plus que par leur journal; ils en adoptent les opinions, ils en partagent les préjugés, ils s'inféodent à ses haines et à ses enthousiasmes, ils reçoivent de lui, faites de toutes pièces, leurs convictions; ils ont un cerveau de papier. « L'argent n'est rien, disait déjà Adolphe Crémieux, un israélite, en 1842; les places ne sont rien; la popularité n'est rien; c'est la presse qui est tout : achetez la presse, et vous serez les maîtres de l'opinion. »

Or, jusqu'à cette heure, c'est le mal qui a acheté la presse et qui s'en est fait une arme redoutable. Paris imprime chaque jour et répand sur

[1] *L'Apostolat laïque dans le temps présent*, p. 33. In-12, Lethielleux.

la France plus de trois millions de feuilles, dont les neuf dixièmes font la guerre à Dieu et à la religion. L'Église y est attaquée, dénigrée, travestie, représentée sous des couleurs odieuses ; on dénature son enseignement, on calomnie ses ministres en les accusant de tous les crimes.

Je frémis en voyant l'ouvrier français tremper chaque matin ses lèvres à cette source empoisonnée. Autrefois il commençait sa journée en demandant à Dieu la force pour ses bras, la fécondité pour son travail ; il la commence aujourd'hui en buvant un premier verre d'alcool et en lisant le mauvais journal, qui lui prêche l'impiété et la haine. Quand je le coudoie à l'entrée de son usine ou sur le seuil de la taverne, absorbé par la lecture de sa feuille corruptrice, je m'étonne que cet homme, ainsi abusé sur tous ceux qui portent une robe de prêtre, ne les lapide pas ou ne leur crève pas les yeux ; car si son journal dit vrai, nous sommes pour lui les derniers des hommes, les pires des misérables. A force de le relire chaque matin, il doit le croire. Il se porterait aux dernières extrémités, si son âme honnête ne réagissait pas contre les conséquences logiques des principes qu'on lui prêche.

Il appartiendrait aux catholiques de ramener

la presse à son rôle naturel, qui est de défendre la vérité.

Je vous laisse à deviner si nous l'avons essayé ou si nous y avons réussi. Depuis longtemps nous nous sommes employés, avec un courage égal, à fonder à chers deniers des journaux et à les faire périr ensuite à coups d'épingle. Dans un moment d'émotion, nous ouvrons nos bourses bien larges et nous réunissons aisément les capitaux nécessaires à la création d'un journal. Mais à peine est-il né, que nous voudrions le voir mort. S'il respecte les pouvoirs, nous le disons servile. S'il les combat, nous le trouvons injuste et maladroit. S'il ne s'occupe pas de religion, nous le déclarons vendu. S'il s'en occupe, c'est une *Semaine religieuse*, et il nous semble par trop clérical. Impossible, en vérité, de trouver le point précis où il doit se tenir pour que la faveur de ses amis lui demeure fidèle, à moins qu'il ne devienne une sorte de cassolette toujours enflammée, dans laquelle brûlera chaque matin en leur honneur un encens parfumé. Je voudrais bien qu'on me montrât deux hommes bien pensants qui fussent parfaitement satisfaits de leur journal. Ce serait un miracle, et nous devrions les proposer en exemple à la postérité.

Cependant, que nous soyons pleinement satis-

faits d'un journal, ce qui serait inouï, que nous
le soyons médiocrement, ou que nous ne le soyons
pas du tout, dès lors que ce journal défend dans
une mesure quelconque les intérêts religieux,
nous devons lui donner notre appui.

Nous devons le lui donner d'abord sous la
forme la plus palpable, en mettant notre bourse
à son service. A cette condition seulement, le
bon journal pourra triompher du mauvais, où
tout s'achète, tout se vend, l'éloge, le blâme,
l'annonce, le silence même. On le voit tous les
jours : des journaux qui forment l'opinion ne
font aucune difficulté de recevoir les réclames
les plus suspectes, de louer les œuvres les plus
corruptrices et les tripotages les plus véreux, et
cela non seulement à la quatrième page, mais
à la troisième, à la deuxième et à la première,
en toutes sortes de caractères, sous toutes les
rubriques, avec toutes les signatures ; il ne
s'agit que d'y mettre le prix. On y met le prix
souvent, et ces subsides, s'ajoutant aux subven-
tions des caisses publiques ou à celles de certaines banques, font de la presse vénale une puissance redoutable.

Quand il s'agit, au contraire, de la presse qui
n'est pas à vendre, elle ne vit que par les secours
de la charité catholique, et le jour où la richesse

ne comprend plus l'importance de cette œuvre, où, par égoïsme, par inintelligence, elle restreint ses largesses, le bon journal végète, s'affaiblit et meurt. On en a vu d'excellents, qui avaient à leur service le talent, un dévouement rare, mais peu de ressources, disparaître devant des feuilles méprisables, rédigées par des cordonniers sans idées et sans littérature, mais largement subventionnées.

Si les catholiques avaient plus de vigueur morale et moins d'apathie, ils ne se borneraient pas à soutenir la bonne presse par leur argent. Ils la soutiendraient de leur plume et lui fourniraient de la copie. Souvent ils ont de la fortune, de l'instruction, des loisirs, un nom. Qu'en font-ils? Il leur serait aisé de mieux écrire que tous ces plumitifs ignorants et sans mérite, dont la prose flasque et vide traîne dans les colonnes des mauvais journaux. Ce qui nous perd, ce qui nous empêche de porter à l'adversaire de grands coups d'épée victorieux, c'est notre inertie, c'est la doctrine trop longtemps régnante de la tranquillité quand même et du laisser-faire, c'est le désir de rester assis à un foyer confortable et de laisser à Dieu le soin de faire des miracles pour nous sauver.

Un autre réactif à opposer à l'apathie, c'est le

bon exemple. « Je le crois si efficace, a écrit un auteur espagnol[1], que je donnerais volontiers tous les autres moyens pour celui-ci, tous les journaux, tous les livres, toutes les œuvres, et même tous les congrès. » Il est permis de penser que nous sommes un peu espagnols en France sur ce point, et que, chez nous comme de l'autre côté des Pyrénées, on serait aussi avancé s'il y avait un peu plus de bons exemples et un peu moins de congrès.

Que faudrait-il pour instruire les foules et refaire à leurs yeux l'apologie de l'Évangile? Que faudrait-il pour confondre ces adversaires qui, comparant la population pratiquement chrétienne de notre France à celle qui ne l'est pas, nous accusent de suivre une religion condamnée par le suffrage universel? Quelle serait la plus éloquente réponse à leur opposer? Cette réponse serait une vie sincèrement chrétienne de la part de tous les chrétiens. Oui, que chacun se revête de Jésus-Christ dans tout son être, qu'il le prêche dans sa parole, qu'il le manifeste par ses actes, qu'il aille au-devant de tous les antagonismes en disant avec un Père de l'Église : « Nous sommes la forme expressive de Jésus-Christ ! » Qui pourra résister à cette démonstration victorieuse et ne

---

[1] Don Sarda y Salvany.

pas reconnaître le Dieu qui soutient notre foi? Autrefois, quand le monde païen tombait en dissolution, il ne fut pas sauvé par les politiques du temps, ni par les littérateurs, ni par les savants. Nos ancêtres fuyaient, nu-pieds et la corde aux reins, les délices des grandes villes; ils allaient donner des leçons aux épicuriens du Bas-Empire dans les solitudes de la Thébaïde, et toutes les souillures du paganisme s'évanouissaient devant les spectacles austères du désert. Qui nous donnera de revoir quelque chose de ce christianisme héroïque à la place de cette foi inerte qui berce les égoïsmes de certains catholiques et semble ne leur imposer aucun devoir? Hélas! le sel de la terre trop souvent s'est affadi. Au lieu de la piété et de l'esprit de prosélytisme qui animaient les chrétiens des grandes époques, c'est une indifférence presque générale, une sorte de léthargie qui gagne les meilleurs eux-mêmes. Au lieu des mœurs sobres, simples et sévères du passé, c'est un étalage de luxe, d'orgueil, quelquefois de corruption.

Croyez-vous que ces exemples ne soient pas pernicieux à l'Église et qu'ils ne dévastent point, qu'ils ne rongent point la foi dans l'âme des humbles et des petits? Croyez-vous que ces domestiques, qui connaissent tous les détails de votre vie paresseuse et amollie, qui contemplent tous vos plaisirs, toutes vos sensualités, sans y prendre part; que ces femmes de chambre, témoins quotidiens de tant de luxe, d'oisiveté, d'intrigues, de scandales, de frivolité, qui attendent jusqu'au matin leurs maîtresses en prenant sur les tables des salons, quelquefois dans les tiroirs secrets, et en lisant les romans corrupteurs; croyez-vous que l'ouvrier, le travailleur qui rentre grave et triste dans le taudis où sa femme l'attend, et qu'un luxe équivoque éclabousse dans la rue; croyez-vous que les libres penseurs, qui contemplent chez les catholiques ces mœurs païennes, soient entraînés à admirer la foi chrétienne et à l'estimer divine? Ces exemples s'infiltrent dans les veines d'un peuple comme un poison fatal, et y engendrent l'irréligion. Après cela, à quoi serviront quelques génuflexions officielles faites de loin en loin devant Dieu? On rira de ces convictions mal prouvées par les œuvres, et on les croira sans grandeur et sans sincérité.

L'exemple confirme l'action et la parole; il leur donne une force irrésistible. Que les catholiques ne se bornent pas à une religion de surface, mais qu'ils aient à cœur de pratiquer les principes de leur foi; qu'ils se montrent supérieurs au monde par leurs mœurs, comme ils le sont par leurs

croyances ; qu'ils soient exempts d'égoïsme et
dévoués aux intérêts du pays ; qu'ils aiment les
pauvres, les humbles, les ouvriers ; qu'ils ne
regardent pas la fortune comme le premier des
biens et la jouissance comme le but de la vie ;
qu'ils renoncent au luxe tapageur, aux fêtes scandaleuses, à l'oisiveté insolente, et provocatrice ;
qu'ils honorent et recherchent la science ; qu'ils
approuvent tout ce qui est juste et grand ; qu'ils
soient les serviteurs désintéressés des nobles
causes ; qu'ils pratiquent les conseils de leur
religion ; qu'ils reproduisent les exemples de
leur Dieu. Cette vie modeste, dévouée, désin-
téressée, en un mot chrétienne, sera, aux yeux
des peuples, un argument décisif en faveur de
la foi catholique et une preuve irréfutable de sa
divinité.

De tous les exemples, il n'y en a pas de meilleur
pour éclairer les âmes et pour les moraliser que
celui de la bienfaisance. Le plus sûr moyen de
conquérir l'homme, c'est de gagner son cœur, et
on ne peut mieux y arriver qu'en suivant la grande
route de la charité. Comment les premiers chrétiens forcèrent-ils les sympathies et l'admiration
de l'univers ? Par une charité toute divine. « Ils ne
se contentent pas, disait Julien l'Apostat, de sou-

lager leurs pauvres; il faut encore qu'ils nourrissent les nôtres. »

Je ne sache pas qu'il y ait quelque chose de plus odieux sur la terre qu'un catholique sans charité, qu'un de ces heureux qui, calfeutrés contre le froid, semblent ignorer qu'il y a des gens qui grelottent; qui, bien et finement nourris, ne se doutent pas que d'autres ont faim. Cet homme est une contradiction vivante, c'est un contre-sens et une anomalie : car le catholicisme est essentiellement charitable, et c'est par la charité qu'il s'est toujours imposé aux hommes, qu'il a régné sur l'humanité.

Plus qu'aucun autre, notre siècle se montre sensible au langage de la charité, et il appartient aux catholiques de le lui faire entendre. Ah! s'ils voulaient se donner, ceux qui possèdent à ceux qui n'ont rien, ceux qui jouissent à ceux qui souffrent, ceux qui sourient à ceux qui pleurent; s'ils établissaient entre eux-mêmes et les malheureux ce courant de dévouement qui exista jadis, comme la question sociale serait vite résolue et comme la foi chrétienne redeviendrait populaire dans le monde! Au lieu de cela, ce que nous entendons, ce sont des cris d'envie et de colère, le choc de rivalités s'entre-déchirant, l'égoïsme dérangé qui se bat contre ceux qui le gênent et qui l'entravent, c'est une guerre à mort, une guerre fratricide. Qui la fera cesser, sinon les catholiques, en aimant le peuple, en l'aimant non pas d'un amour de condescendance, d'un amour aristocratique qui semble descendre et s'abaisser? Le peuple ne tolère pas qu'on l'aime ainsi; il veut être aimé comme le Christ l'aima, d'un amour de dévouement et de fraternité.

C'est à ce prix qu'un catholique oppose à l'apathie les réactifs nécessaires, et qu'il mérite le titre le plus noble, le plus honorable devant les hommes, le plus glorieux devant Jésus-Christ, le titre d'apôtre de sa foi.

Puissent beaucoup de catholiques de cette génération y aspirer, s'en rendre dignes en secouant la torpeur qui enveloppe les âmes défaillantes, en offrant pour l'Église leurs sacrifices, leur argent, leurs bons exemples, en devenant les défenseurs de leur foi, et, au besoin, ses martyrs? « Être martyr, dit Ozanam, c'est chose possible à tous les chrétiens; c'est donner sa vie en sacrifice, que le sacrifice soit consommé d'un coup comme l'holocauste, ou qu'il s'accomplisse lentement et fume jour et nuit sur l'autel; être martyr, c'est donner au Ciel tout ce qu'on a reçu, son corps, son sang, son âme tout entière. » C'est se dévouer dans l'humilité, dans l'abnégation, dans la charité, dans le devoir, dans la prière, pour le triomphe de tout ce qui est noble et bon, jusqu'à la souffrance, jusqu'à l'immolation, jusqu'à la mort.

LE

SENSUALISME CONTEMPORAIN

SENSUALISME CONTEMPORAIN

Le sensualisme est le mal de tous les temps, parce qu'il est le fruit de la faute originelle. Tout homme, en quelque siècle qu'il vive, en quelque lieu qu'il soit, en porte le foyer au fond de son être. Personne n'échappe à ses atteintes, et les plus grands génies eux-mêmes, les cœurs les plus sublimes en ont souffert. C'est l'aveu que nous font les Paul, les Jérôme, les Augustin, quand ils gémissent de ce qu'ils sont contraints de subir les soufflets de Satan et de ce que leur âme est tirée en bas par sa robe de chair.

Mais si l'ennemi est toujours en nous, s'il est assis au cœur même de l'humanité, sous une tente d'où il est impossible de le chasser, il n'a pas toujours une égale violence ni un égal triomphe; il n'exerce pas toujours les mêmes ravages. Dans l'existence des peuples comme dans celle des individus, il y a des époques calmes où la vie cérébrale, les influences religieuses, les bons exemples, l'air qu'on respire, l'atmosphère dont on est enveloppé défendent les hommes contre la domination de la chair. Il y a aussi des crises de jeunesse et des âges de décrépitude où, dans l'homme, la bête enchaîne l'ange et où la corruption a des triomphes incontestés.

Nous sommes à une de ces époques, qu'il s'agisse de décomposition sénile, ou, si vous l'aimez mieux, de crise de jeunesse. Ce n'est pas que je veuille dire que nous ayons monopolisé le vice dans notre temps et dans notre pays. Ce serait une de ces exagérations systématiques et gratuites que l'histoire dément. Le vice est de tous les peuples et de tous les âges ; mais nous pouvons avancer, sans outrer en rien les responsabilités de notre siècle, que l'affaiblissement des croyances religieuses qui sont le meilleur frein des passions, les progrès de la science qui ont transformé les conditions de la vie matérielle, un amour désordonné de la jouissance, ont établi notre génération dans un état de crise morale.

Les crises s'achèvent par une mort ou par une résurrection. Le monde romain mourut de son engourdissement. La France triompha du sensualisme de la Renaissance. Qu'adviendra-t-il cette fois? Sera-ce la vie? Sera-ce la décadence et la mort? Les moins clairvoyants remarquent à l'horizon des nuages sombres qui recèlent des tempêtes, et nous entendons tous des craquements sinistres dans les fondements de la société. Quand le sol tremble ainsi, c'est qu'une catastrophe se prépare. Et il se peut, en effet, que des catastrophes se produisent, que nous en soyons les témoins et même les victimes. Mais non, nous devons espérer que la France, si glorieusement protégée par Dieu en tant de circonstances critiques, sortira purifiée et forte de ces épreuves nouvelles. D'ailleurs, après Dieu, cela dépend de nous. Il en sera comme nous voudrons, et c'est pourquoi il importe de regarder à nos mœurs et de voir où elles nous mènent.

I

Le sensualisme, c'est le triomphe des organes et des sens sur l'intelligence, de l'animalité sur l'esprit, du corps de boue sur l'âme immatérielle et pure, la glorification de la matière, la déification de la jouissance : principes redoutables

qui, poussés à leurs conséquences, feraient de
l'homme une bête sensuelle et avilie, et d'une
nation un sérail déshonoré.

Or notre société est tout imprégnée, toute
gonflée de sensualisme ; nous ne pouvons pas
ouvrir les yeux ni prêter l'oreille sans en voir et
sans en entendre les manifestations.

Il éclate dans le luxe babylonien de notre temps,
qu'il s'agisse de l'habitation, de la table ou de la
parure.

Que l'homme ait besoin d'un abri contre les
intempéries de l'air ; que même il ne soit pas
obligé d'habiter, comme les anachorètes, une
cabane faite avec des branches d'arbres, j'en
conviens volontiers. Qu'il lui soit permis de bâtir
avec grandeur et magnificence, je n'y contredis
pas. Nos ancêtres ont élevé les cathédrales, ces
édifices admirables, qui portent jusqu'au ciel le
témoignage du génie et de la foi, et à côté desquels, il faut bien le reconnaître, tous les palais
scolaires de notre temps, tous ses hôtels de ville,
tous ses musées, tous ses théâtres, ne sont guère
que des bicoques prétentieuses ; Louis XIV a fait
Versailles, et toutes les générations admireront
ces coups de maître du génie. Mais le luxe, ce

n'est ni la grandeur ni la magnificence, c'est l'inutilité coûteuse. Où est la vraie grandeur dans ces constructions toutes de devanture, à l'aspect multicolore, au style tapageur et heurté, qui s'élèvent comme une provocation bruyante à l'adresse des malheureux qui n'ont pas d'autre salon que les jardins publics, ni d'autre abri que le ciel quand il fait beau, les arches des ponts quand il fait mauvais? Où est l'inspiration qui a soulevé ces pierres pour leur donner un sens et une portée? Ce qu'on a désiré en bâtissant ces palais sans grandeur et sans goût, c'est le confortable, pour y enchâsser le jouisseur comme un objet d'art dans un écrin précieux. Ce qu'on a voulu en les meublant, c'est une organisation tout asiatique, où l'indolence pourra se complaire et la mollesse se trouver à l'aise. Le téléphone et l'électricité courent d'une extrémité à l'autre afin que le maître, en un clin d'œil, puisse avoir à ses pieds, non pas encore des esclaves, mais des serviteurs tremblants, empressés à augmenter ses jouissances et à supprimer les incommodités. Ce qui frappe de toutes parts, c'est la multitude des objets prétentieux qui ne servent pas : on ne voit pas de Christ sur la muraille; mais les étagères sont chargées de bibelots fantaisistes et de brillantes inutilités. Le regard ne rencontre aucune de ces images religieuses dont le passé nous a légué de si belles collections; mais des tableaux dont l'impudeur est le seul mérite, heurtent partout la vue; sur toutes les murailles, des gravures équivoques offrent aux enfants les plus périlleuses leçons.

Qui a visité Rome n'en est pas revenu sans avoir vu la demeure du pape, ni sans avoir été frappé de la simplicité qui y règne, toute faite d'esprit évangélique et de grandeur incomparable. Il y a peu de bourgeois de province qui n'aient des appartements plus luxueux que ceux du chef de la chrétienté, une installation d'un confort plus achevé, un ameublement plus riche et plus souvent renouvelé. Sous les trois derniers règnes, dans cette vaste habitation, aucun changement n'a été fait, sauf que les escabeaux de bois où figuraient le nom de Grégoire XVI et celui de Pie IX ont été repeints pour recevoir le nom de Léon XIII. Et cependant le Vatican est le premier palais du monde : les souverains pontifes y ont accumulé un si grand nombre d'objets d'art de tous les temps et de tous les pays, qu'on peut l'appeler le musée du genre humain.

Il arrive que cet amour de l'inutilité somptueuse se manifeste par les plus incroyables fantaisies. On a vu fréquemment en Angleterre, quelquefois en France, de riches personnages bâtir des palais pour y loger... qui donc? Les pauvres? Non, ils ne s'intéressaient pas aux pauvres. Les vieillards indigents? Non; ils ne se préoccupaient pas des vieillards indigents; cela était bon pour les âges d'obscurantisme; on laisse ces petitesses aux catholiques aujourd'hui et on fait bien mieux : on loge en ces superbes habitations des chats délaissés et des chevaux fourbus. Ces intéressants quadrupèdes y sont traités avec tous les égards dus à leur mérite : ils mangent dans des crèches d'ivoire et des râteliers d'acajou; ils jouissent d'un air toujours pur et d'une température toujours égale; ils reposent sur une litière molle; ils ne foulent aux pieds que du marbre; ils ne sont servis que par des laquais en livrée. N'en viendra-t-on point quelque jour à les nommer chevaliers de la Légion d'honneur? Et pourquoi pas? Le Sénat de la décadence, à la demande de Caligula, éleva bien le cheval Incitatus aux honneurs du consulat.

Où mènent ces folies? Je n'ai pas besoin de consulter la religion pour le dire. L'histoire témoigne que les peuples amollis ont de la peine à demeurer florissants. Le paganisme nous apprend que les vieilles vertus vécurent avec la vieille simplicité au temps où Cincinnatus cultivait son champ et ne dédaignait pas de mener la charrue de ses mains consulaires. Mais une époque vint où Rome s'enrichit des dépouilles de l'univers, où un luxe immodéré remplaça les anciennes mœurs, où les fils de ces guerriers intrépides, qui avaient abaissé toute la terre devant les faisceaux, ne trouvèrent plus ni de sièges assez soyeux pour se reposer, ni d'essences assez fines pour se parfumer, ni de mets assez délicats pour se nourrir, ni de plaisirs assez variés pour se distraire, et alors l'empire fut perdu. On entendit, sur les frontières, les pas des Barbares; des hommes vêtus de peaux de bêtes et habitant sous des tentes envahirent la nation romaine par toutes ses portes et n'eurent qu'à la toucher de leur épée pour qu'elle s'effondrât dans la poussière et dans le mépris.

L'homme doit se vêtir pour se protéger contre le froid. Mais vous savez comme moi, messieurs, et vous, mesdames, vous savez bien mieux que moi, les folies de parure que notre temps a inventées, les bizarreries coûteuses de la mode, ses excentricités sensuelles, ses impudeurs éhontées. L'habit a cessé d'être une protection pour devenir un ornement, et on estime quelquefois qu'il orne d'autant mieux qu'il couvre et qu'il protège moins...

Et ces ornements ne sont jamais ni assez riches, ni assez précieux, ni d'une recherche assez exquise, ni d'une élégance assez parfaite, ni d'une rareté assez grande. Isaïe les entrevoyait-il quand il détaillait la parure des filles d'Israël : « des croissants d'or, des colliers d'or, des bracelets d'or, des boîtes de parfums, des diadèmes de pierreries retombant sur le front et sur les joues, des poinçons de diamants, des écharpes de soie fine[1] ? »

Qui n'a lu la page classique où Mme de Sévigné décrit une incomparable robe : « d'or sur or, rebrodée d'or, et par-dessus un or frisé, rebroché d'un or mêlé avec un certain or, qui fait la plus divine étoffe qui ait jamais été imaginée. » Grâce à l'esprit de la célèbre moraliste, cela est devenu un chiffon historique. Il s'agissait apparemment de la robe de quelque grande dame de la cour. Je pense qu'il n'y a pas beaucoup de modistes aujourd'hui qui n'aient la pareille dans leur armoire, ni de courtisanes qui n'en étalent d'aussi somptueuses dans les bals de faubourg. Il fut un temps où « l'or, les soieries, les broderies, le brocart, le velours, les pierreries[2] » étaient l'apanage exclusif des gens de qualité.

[1] Isaïe, iii, 19 et suiv.
[2] Règlement de Charles IX.

Et encore en réglementait-on l'usage par des édits sévères. Au moyen âge, chroniques et sermonnaires dénonçaient hautement comme scandaleuses les robes à traîne et s'indignaient contre « les damoiselles qui balayent poussière ainsi que boue avec la longue queue de leur tunique ». Il y eut des ordonnances royales qui réglèrent le vestiaire au point de fixer le nombre des robes : « Nulle damoiselle n'aura qu'une paire de robes par an [1], » et encore le prix de l'étoffe ne devait-il pas dépasser vingt-cinq sous l'aune. Quelle tyrannie, mesdames, quelle tyrannie ! Où en seriez-vous et quel trouble douloureux serait jeté dans vos habitudes, si les gouvernements modernes, imitant les régimes déchus, légiféraient ainsi sur vos toilettes et les bornaient par des édits draconiens à une paire de robes par an ? Plus sévère encore, Henri II décréta qu'on ne porterait, dans toute l'étendue de son royaume, « ni broderies, ni passementerie, ni cordelières, ni cannetilles ou velours, ni satin, taffetas, non plus qu'orfèvreries... [2]. » En notre temps, ce n'est plus seulement la coquetterie des femmes riches qui se sert de tous ces moyens dispendieux pour corriger ou pour embellir la nature trop avare

[1] Ordonnance royale de 1294.
[2] Ordonnances des 19 mars 1547 et 12 juillet 1549.

de ses dons; il y a peu de paysannes dans les villages reculés, dans les ateliers ou les usines il n'y a plus d'ouvrières qui n'aient sur la tête un parterre de fleurs, des rubans et des dentelles à profusion, et des gants aux mains. Il s'en rencontre même qui préfèrent ces accessoires au nécessaire, et qui pourraient dire comme le héros de Ponsard :

Moi qui n'ai pas diné pour acheter des gants [1]!

Quant aux femmes du monde, vous voyez jusqu'à quelles extrémités coupables ou ridicules les pousse chaque jour l'amour désordonné du luxe. Il y en a qui ont à leurs mains ou dans leurs cheveux pour plusieurs centaines de mille francs de bijoux, et qui, comme parle Bossuet, portent à leur cou, pendue à un fil, la subsistance de vingt familles. Elles font penser à cette Romaine, Lollia Paulina, dont Pline a écrit : « J'ai vu Lollia toute couverte d'émeraudes et de perles : sa tête, les tresses et les boucles de ses cheveux, ses oreilles, son cou, ses bras, ses doigts en étaient chargés; il y en avait pour quarante millions de sesterces. C'était l'héritage de son aïeul, c'est-à-dire la dépouille des provinces et le prix

---

[1] PONSARD, *l'Honneur et l'argent*.

des concussions. » Je ne voudrais établir aucun parallèle désobligeant, et je me garderais d'insinuer que les brillantes parures de nos contemporaines ont pu être achetées quelquefois avec un argent équivoque. Oui, oui, vous avez toujours consciencieusement payé vos toilettes, mesdames, en belle monnaie courante, et vous avez, au fond de vos tiroirs, des factures bien acquittées. Mais si vous êtes en règle avec la justice rigoureuse, l'êtes-vous également avec votre conscience de chrétiennes qui vous fait un devoir de la modestie et qui vous recommande de consacrer votre superflu au soulagement de la misère? Cette question ne vous semblera pas trop indiscrète, je l'espère, et vous l'examinerez à loisir, dans une âme sincère et sous le regard de Dieu.

Le luxe de la parure avait été jusqu'à notre temps le privilège à peu près exclusif des mondaines; aujourd'hui il gagne les jeunes gens. Que voulez-vous! ils ont passé leur première enfance dans la ouate; ils ont grandi ensuite dans la flanelle et le duvet. On a flatté, dorloté, paré, embelli, parfumé ces corps délicats, et les esprits, affaiblis et déformés par cette éducation de décadence, se sont soumis à la frivolité vide. Les voilà maintenant, ces adolescents, les voilà devant leur table de toilette, occupés à s'orner comme des jeunes filles, à se vêtir de riches étoffes et de parures efféminées... Ecoutez : l'ennemi heurte à la porte de ces peuples amollis. Qui répondra? Qui marchera aux frontières? Ces damerets vont-ils se transformer en guerriers, et va-t-on trouver pour la première fois sur un champ de bataille des héros en corset? Car le cœur de ces soldats est enfermé, comme un cœur de femme, dans un corset! — Voyez : cette armée d'efféminés prend peur; elle tremble et cherche d'un regard épouvanté par quels sentiers elle pourra se ménager une fuite plus prompte et plus sûre.

Se nourrir pour vivre, c'est le droit de la nature. Et même ne pas se contenter de se faire servir des sauterelles, comme certains pénitents célèbres, ou de manger des racines, comme les moines antiques, apprécier les délicatesses de l'art culinaire, mettre dans les apprêts de la table de la science et de la recherche, c'est un plaisir assez bas, mais c'est un plaisir permis. Il y a dans les plaisirs licites une hiérarchie de noblesse et d'honneur. Ils sont bas quand ils réjouissent seulement les sens. Ils s'élèvent quand ils atteignent l'âme et qu'ils lui font savourer les délices de biens supérieurs et divins. Raphaël, en admiration devant une de ses madones, aura toujours la préséance dans l'estime des hommes sur un gourmet vulgaire, qu'enivrent d'avance les parfums d'un bon dîner. L'un est une âme, une grande âme; l'autre n'est qu'un instrument plus ou moins avide et plus ou moins puissant de digestion. Or une race d'hommes se sont levés qui tiennent les jouissances de la table pour le bonheur parfait et qui mettent au-dessus de tout les chefs-d'œuvre du cordon bleu. Ils regrettent, je le crains, d'être nés trop tard dans un monde trop vieux, de n'avoir pas vécu au temps[1] où

---

[1] Tertullien a signalé dans une page célèbre ces mœurs de la décadence romaine et les a mises en parallèle avec les usages de l'ancienne Rome et avec les habitudes des chrétiens de son temps. « Que sont devenues ces lois somptuaires, ces lois si sévères contre l'ambition, qui fixaient à une somme modique les dépenses d'un repas, qui défendaient d'y servir plus d'une volaille; qui chassaient du Sénat un patricien possesseur de dix livres d'argent, comme convaincu par là d'une ambition démesurée; qui faisaient raser les théâtres à peine élevés, comme n'étant propres qu'à corrompre les mœurs; qui ne souffraient pas qu'on usurpât impunément les marques de la dignité et de la noblesse? Je vois à présent donner des repas nommés *centenaires*, parce qu'ils coûtent cent mille sesterces. Je vois l'argent des mines converti en vaisselle, je ne dis pas pour l'usage des sénateurs, mais des affranchis, des esclaves, qui ont à peine rompu leurs fers. Je vois qu'on multiplie les théâtres, qu'on les met à couvert des injures de l'air. Je vois les dames romaines parées comme les courtisanes et confon-

un Héliogabale étonnait le monde par le luxe de sa gourmandise ; où un simple bourgeois, Apicius, jetait, en une année, deux millions cinq cent mille livres à sa gloutonnerie ; où un Vitellius dépensait pour le moindre de ses repas quatre cent mille sesterces, soixante-quatre mille francs de notre monnaie ; où ces Romains de la décadence, qui fondèrent l'empire des cuisiniers, ces estomacs, — *vivite ventres,* disait Lucilius, — appelaient divin le plaisir de manger et de demeurer ensuite, jusqu'au repas suivant, dans de grands silences qu'interrompaient seulement les remords indiscrets d'une digestion surchargée. Il semble qu'on tende à nous ramener à ce règne de la bonne chère et de la gourmandise. Ce qui a présentement les faveurs du grand nombre, ce n'est

dues avec elles. Les anciennes coutumes, si favorables pour conserver la modestie et la tempérance, sont abolies. Autrefois les femmes ne portaient point d'or, à l'exception de l'anneau nuptial que leurs maris leur avaient mis au doigt... Qu'est devenue cette antique félicité du mariage, fondée sur des mœurs si pures, que, pendant près de six cents ans, il n'y eut pas un seul exemple de divorce ? Aujourd'hui tout le corps d'une femme plie sous le poids de l'or. — Dans les repas des chrétiens, on ne souffre ni inconvenance ni immodestie. On ne se met à table qu'après avoir prié. On mange à sa faim, on boit comme il convient à des gens qui font profession de chasteté ; on converse comme sachant que Dieu écoute. On sort de là, non pas pour se livrer au plaisir et commettre le mal, mais avec pudeur et modestie ; on sort d'une école de vertu plutôt que d'un repas. » (*Apologétique.*)

plus l'austérité des âges chrétiens, ni même la simplicité des belles époques françaises, mais une gastronomie incendiaire qui corrompt le sang et éveille toutes les fièvres. Il y eut des temps où le parlement de Paris pouvait décréter qu'il ne serait pas dépensé plus de huit sols de vin par jour à la buvette de la cour [1], et où une ordonnance royale défendait à toutes personnes d'user de plus de trois services en chacun de leurs repas [2]. Cela nous paraîtrait aujourd'hui d'une exagération plus que spartiate, et nous nous accommoderions assez difficilement de telles règles, soit à la buvette de nos assemblées publiques, soit dans tous ces banquets démocratiques, plus remarquables par leur chaleur communicative que par leur simplicité, soit même dans les repas de famille et à la table du plus modeste bourgeois.

Le théâtre et la littérature sont ordinairement

[1] « En la chambre du Conseil, il ne sera dépensé plus haut que huit sols de vin à la buvette, à peine d'indignation contre les magistrats. » (Règlement du 14 juin 1414.)

[2] « Défendons à toutes personnes, sous quelque prétexte ou couleur que ce soit, d'user au service de leur table, même en festin de noce ou fiançailles, de plus de trois services en tout, et d'un seul rang de plats, sans qu'ils puissent être mis l'un sur l'autre, et ne pourra avoir plus de six pièces au plus, à peine de confiscation. » (Ordonnance de janvier 1629.)

le reflet de la vie d'un peuple. Que seront-ils donc dans une nation en proie au sensualisme? Autrefois, pour trouver sur le théâtre français des couronnes et des ovations, il fallait être un homme de génie; aujourd'hui, c'est assez de la lubricité pour y recueillir une gloire prompte et malhonnête. Au fond de presque tous les drames modernes, que voit-on? La passion qui prime la conscience, le vice qui insulte la vertu, le corps qui triomphe de l'âme, la sensation qui remplace le devoir, l'amour du bien tenu pour une sottise et une naïveté, l'adultère regardé comme une bonne fortune, la fidélité comme une chaîne insupportable et méprisée. A ce sensualisme du fond, vous pouvez ajouter toutes les provocations de la forme, les prestiges des décors, des costumes, des attitudes, les fascinations des tableaux vivants. Ce que va voir sur les tréteaux un public frivole et affamé d'émotions, ce n'est plus le jeu sublime des hautes passions de l'âme, mais les nudités provocantes, l'effronterie des poses, des excitations éhontées à la débauche, et le grand succès appartient aux théâtres où ces appâts sont plus multipliés et plus empreints d'impudence et de lubricité. Comme l'a dit le poète[1], en des

---

[1] Aug. BARBIER, *les Iambes.*

strophes vibrantes, le temple de Melpomène est
devenu une école

> . . . . où le vice éhonté
> Donne, pour tous les prix, leçons d'impureté.
> C'est à qui chaque soir, sur les planches banales,
> Étalera le plus de honte et de scandales ;
> A qui déroulera, dans un roman piteux,
> Des plus grossières mœurs les traits les plus honteux,
> Et, sans respect aucun pour la femme et pour l'âge,
> Fera monter le plus la rougeur au visage.

Les recettes que cela vaut aux comédiennes
sont effrayantes, et elles ne suffisent pas cependant à entretenir leur luxe inouï ; il y faut le
budget de l'État. Il met gracieusement aux pieds
d'une danseuse l'argent des contribuables, et c'est
par centaines de mille francs qu'il subventionne
chaque année la volupté. Pères de famille, travaillez ; laboureurs, creusez votre sillon ; brisez
vos membres en arrachant la houille ou en
forgeant le fer, pauvres ouvriers. En sautant
quelques minutes sur les planches d'un Opéra,
une danseuse va gagner ce que vous ne gagnerez
jamais en toute votre vie de privations et de
labeurs.

Ainsi le théâtre, qui, dans ses origines, était
issu du sentiment hiératique et de la piété des
peuples, est devenu une sorte de maison de
débauche ; l'art n'y est plus qu'un prétexte à la

licence; le vice y est représenté sous des couleurs aimables; les pires défaillances y sont excu-
sées et même couvertes de fleurs; l'impudeur en
occupe la scène; des Madeleines sans repentir et
sans retenue en peuplent les pièces; l'intrigue
en remplit les coulisses.

La même enseigne et la même flétrissure ne
conviendraient-elles pas à ces lieux de divertis-
sement, cafés-concerts, restaurants à deux fins,
de plus en plus nombreux dans les faubourgs et
jusque sur les boulevards les plus fréquentés :
ils offrent aux passants une école toujours ouverte
de démoralisation; ils élèvent la prostitution,
autrefois reléguée honteusement dans les quartiers déserts et les rues tortueuses, à la hauteur
d'une institution patronnée par une réclame
effrontée et trop souvent appuyée par la faveur
des puissants.

Le sensualisme des danses modernes est à la
hauteur du sensualisme des spectacles. Pourriez-
vous, mesdames, me donner une bonne définition de la danse? Non, peut-être; car il arrive
qu'on sait à merveille pratiquer une chose qu'on
définirait mal. Cependant, si vous voulez apprécier la moralité de la danse, il faut que vous en
connaissiez la définition. Les théologiens de jadis

se sont livré des batailles pour savoir si toutes les danses sont foncièrement mauvaises. Comme elles ont pour but de traduire par des mouvements cadencés les passions de l'âme, et que ces passions sont bonnes ou mauvaises, peut-être serait-il permis de dire que, théoriquement du moins, elles peuvent être ou des amusements coupables ou d'innocents ébats. Ce qui n'est pas douteux, c'est que, dans tout le paganisme, elles furent les pourvoyeuses attitrées de la luxure. A partir du jour où le christianisme eut pris pied, elles tendirent à disparaître. On ferait des volumes avec les seules protestations formulées contre elles au nom de la moralité chrétienne depuis saint Basile, saint Jean Chrysostome et saint Ambroise jusqu'au plus charitable des docteurs, saint François de Sales[1]. L'éloquence de la chaire catholique eut raison peu à peu de la force des habitudes : un jour vint où l'on entendit peu

[1] « En soi, les danses et les bals seraient choses indifférentes de leur nature ; mais, selon l'ordinaire façon avec laquelle cet exercice se donne, il est fort penchant et incliné du côté du mal, et par conséquent bien près du danger même. On y fait de grandes veilles, après lesquelles on perd les matinées des jours suivants. Quelle folie d'échanger le jour contre la nuit, les lumières contre les ténèbres, les bonnes œuvres contre les folâtreries ! Et puis, surtout, chacun porte au bal le poison de la vanité, et la vanité est une dangereuse disposition... » (S. François de Sales.)

parler dans les sociétés chrétiennes de ces délassements voluptueux qui souillaient jadis les familles, les fêtes publiques, et jusqu'aux temples des dieux. Mais elles ont reparu dans notre société de nouveau paganisée, à peu près telles qu'elles furent au temps des orgies dansantes des époques idolâtriques. Les œuvres mêmes et la charité deviennent souvent, par une profanation inintelligente et coupable, une exhibition de la vanité et une occasion de plaisir. Il ne se produit pas un malheur public, inondation, incendie, épidémie, tremblement de terre, sans qu'il se rencontre de soi-disants philanthropes, quelquefois des catholiques, et même du plus noble sang, qui y trouvent un prétexte pour organiser des bals et conduire des cotillons. Mais, en tout temps, la loi qu'on fait prévaloir, c'est qu'il faut s'amuser, et sans qu'il soit tenu un compte bien grand des conseils ou des défenses de la morale. Que fait le monde, le monde aristocratique, le monde opulent, le monde bourgeois, le peuple même? Il s'enivre de ces plaisirs si capiteux, de la valse, des bals masqués, parés, non parés, habillés, déshabillés, vêtus ou non vêtus, dont tous les peuples païens furent si friands. Que font vos femmes, vos filles? Elles se fatiguent de plaisir et de volupté. Dans tous les salons où l'on s'amuse, elles étalent toutes les nudités les plus provocantes, sous prétexte d'obéissance à la mode et avec une effronterie que les siècles chrétiens réservaient aux courtisanes. Des pères honorables qui vont à la messe, des mères chrétiennes qui fréquentent les sacrements et portent le cordon séraphique, se rencontrent qui, victimes du préjugé, de l'habitude, des exigences du monde, livrent leurs enfants à ces périls capables de compromettre l'innocence la plus candide et la vertu la plus affermie.

... Je crois entendre le reproche qui est dans vos esprits et presque sur vos lèvres. « Le prêtre, pensez-vous, est bien téméraire quand il parle de ce qu'il ignore. N'étant pas du monde, comment connaîtrait-il le monde ? »

Buffon a raconté, avec des détails charmants, les mœurs des oiseaux, encore qu'il n'eût pas vécu dans la ramée ; les mœurs des quadrupèdes domestiques, encore qu'il n'habitât point la basse-cour ou le terrier ; les mœurs des fauves, bien qu'il n'eût pas élu domicile dans la forêt. Et cependant, quand ces espèces inférieures donnent des soirées, elles n'y convient pas les reporters des journaux, et les feuilles du boulevard ne détaillent ni les titres des hôtes, ni le menu des repas. Mais, quand le monde organise ses fêtes, ses journaux ont le soin d'en donner le programme ; ils font connaître par le menu les toilettes des invitées, les noms et les qualités des convives, sans omettre de dire s'ils avaient un ruban à la boutonnière, et de quelle couleur était ce ruban.

S'il y a des secrets que le journal ignore et dont il ne dit rien, le monde consent volontiers à en faire la confidence. C'est le thème favori de ses conversations. En vous en parlant, je n'invente rien, je n'exagère rien ; je ne fais que vous rappeler ce que maintes fois vous m'en avez dit, sans jamais imposer des serments de discrétion.

Je pense que vous m'accorderez tout au moins la compétence nécessaire pour parler du sensualisme de la rue, et que vous conviendrez facilement avec moi qu'elle est devenue presque un mauvais lieu, tant le papier, les gens et la pierre même s'y donnent de licence.

Il ne faut rien outrer, assurément ; nous ne saurions admirer les théories des précieuses de Molière ou de ces puritaines de Philadelphie qui, raconte Dickens, faisaient des bas de mousseline aux pieds de leurs pianos, de peur de les laisser voir nus ; mais je vous demande si le père le plus affranchi des préjugés peut décemment permettre à sa fille de s'arrêter quelque temps devant certaines vitrines, certains kiosques, certaines bibliothèques de gare, certaines librairies des boulevards, certains étalages de bouquinistes, de marchands de gravures, certaines affiches?

Ce qu'elle verrait à la devanture de telle et telle librairie, ce sont des livres qu'un honnête homme hésiterait à déposer dans un corps de garde. Non seulement le romancier a enveloppé dans leurs pages souillées toutes les malpropretés que peut produire une imagination habituée à trier des immondices, mais leur titre seul est déjà une leçon de dépravation; sur leur couverture s'étalent, provoquant les regards de tous, souillant ceux des enfants, des images lascives, des gravures obscènes, des figures parlantes, des attitudes, des poses voluptueuses, des titres inconvenants, sous des formes multiples et saisissantes tout un enseignement d'immoralité.

La vénalité sans scrupule, qui consiste à battre monnaie en enflammant le vice, a inventé et savamment organisé des industries multiples : l'affiche, l'affiche immense, tapageuse, qui force le regard par l'impudence de ses annonces ou par les nudités de ses illustrations; — la carte postale, qui, sous une forme piquante et à vil prix, offre tous les spectacles que peut inventer une imagination souillée; — ces feuilletons, ces livraisons de romans, ces feuilles multicolores, que des camelots sans vergogne exposent dans leur kiosque ou leur petit magasin, vrais tombereaux aux immondices, quand ils ne les colportent pas sur la place publique et dans la rue, les présentant, les imposant aux passants et cherchant à salir quiconque n'est pas en garde contre ces éclaboussures de boue.

Entre gens du peuple, sous la pression de la haine ou de la vengeance, on commet parfois un acte féroce : on va attendre l'adversaire au détour du chemin, et on lui jette du vitriol à la figure. L'acide brûle, les yeux sont rongés et s'éteignent, les chairs se désagrègent et tombent; souvent la victime succombe, après d'horribles tortures. Dans vos rues, sur vos boulevards, à la porte de vos maisons se tiennent en foule des gens prêts à assaillir les passants, vos femmes, vos filles, vous-mêmes. Ils ne leur jettent point de vitriol au visage; le corrosif qu'ils emploient défigure et désorganise l'âme bien plus sûrement, plus irrémédiablement que l'acide ne désorganise la chair. Et la société, qui envoie au bagne les brutes capables d'un tel crime contre leur ennemi, laisse des industriels sans pudeur accomplir au grand jour un attentat bien pire : car le poison, le venin qu'ils répandent est plus brûlant, plus terrible que le vitriol; ce n'est pas le visage qu'il ronge, c'est l'honneur, c'est la vertu, c'est l'âme humaine !

La voilà donc la vie moderne, telle que le sensualisme l'a faite, la vie du salon, du boulevard, du théâtre, la vie dégagée des préjugés, et ses environs les plus proches.

Mais ce n'est pas tout.

La littérature d'un peuple est l'expression de sa vie réelle. Notre littérature s'est donc emparée de cette vie sensuelle et désordonnée; elle l'a reproduite dans des tableaux réalistes, elle l'a exagérée par des fictions échevelées, elle s'est efforcée d'en accroître et d'en faire goûter par tous la griserie troublante.

Notre littérature est devenue la plus immorale qu'on ait jamais connue. Il n'y a pas de siècle, même aux pires époques du paganisme, qui ait expérimenté un tel dévergondage et une pareille lubricité : apologies et justifications du mal sous toutes ses formes; plaidoyers impudents et réhabilitations insolentes; fatalité prétendue des passions; analyse cynique de corruptions savantes;

revendication du droit de mourir; défense et glorification de l'adultère : voilà le fond de presque tous les romans contemporains. Nos pères auraient jeté toute cette boue à la voirie; et si la société revient un jour à des goûts de propreté, elle devra faire pour ces livres ce qu'on fit à Naples quand on déterra les bijoux impudiques des dames romaines : un musée secret.

Qui me démentira? De toute mon âme, je désire un démenti : car s'il est vrai de dire que le style c'est l'homme, il est vrai d'ajouter que la littérature d'un peuple est le critérium de sa moralité.

J'ai voulu me renseigner avant de toucher ce point. J'ai visité, je l'avoue, vos librairies en vogue, celles qui, sur nos boulevards, attirent par la recherche et le luxe de leur étalage le regard des passants. Les livres, dont leurs vitrines débordent, sont des romans, tous des romans, et quels romans!

Que voulez-vous qu'on en dise? Au point de vue littéraire, à part deux ou trois exceptions, ils n'ont, de l'avis des meilleurs juges, aucune valeur. Ce n'est point par l'éclat et la magie du style qu'ils charment; on a pu dire qu'ils sont un outrage à notre langue si pure, si simple, si belle. Ce qu'on y trouve, ce n'est pas davantage l'élévation des sentiments, la grandeur, l'originalité de la pensée. Leurs auteurs se bornent à chanter l'amour des sens comme le chantèrent les païens, Anacréon, Lucrèce, Ovide, Catulle. Des sommets de la véritable inspiration, leur muse est tombée dans la fange des égouts. Le sensualisme lui a mis de la boue sur les ailes. Elle se traîne et ne peut s'élever plus haut que le monde des sensations.

Au point de vue moral, vous ne sauriez imaginer un pire cloaque que le roman contemporain. Ce qui a les faveurs du public, ce n'est ni la pureté de la langue, ni l'éclat des pensées, ni rien de ce qui est noble, grand, capable d'élever l'âme; il se complaît dans les tas d'immondices et dans les flaques de boue. On ne donnait entrée jadis dans les maisons honnêtes qu'au roman qu'on était convenu d'appeler vertueux; aujourd'hui, on le réserve aux petites pensionnaires. Ce qui est recherché des lecteurs et, au moins tout autant, la vérité nous oblige à le reconnaître, mesdames, des lectrices, ce qui se vend à grand tirage, ce qui fait affluer l'or dans les caisses de l'éditeur et de l'écrivain, c'est le roman leste, risqué, et surtout le roman malhonnête, des livres tels qu'ils constituent manifestement une entreprise d'immoralité et dont il n'est pas excessif de dire que leurs auteurs exercent sous une autre forme le métier de proxénètes. Parmi ces romans en vogue, je vous défie d'en trouver un qui n'ait pour base l'adultère et qui ne se résume en une intrigue immorale. Il y faut de l'amour impudique, il en faut à chaque page, à chaque ligne; le livre est d'autant plus intéressant qu'il y en a davantage, et que d'un bout à l'autre on entend retentir plus sonore, plus frémissant, ce hennissement de volupté qui secoue les flancs de l'humanité dépravée.

L'action du roman est puissamment soutenue par une invention plus récente, mieux accommodée à notre frivolité, le journal amusant, le feuilleton, que vous pourriez définir, tel qu'il existe aujourd'hui : l'art de mettre dans le moins de pages possible le plus d'immoralité qu'on peut. Il ne vit guère que de scandales; il n'enseigne point d'autre morale que les règles du sport et des clubs à la mode, d'autre histoire que les anecdotes des coulisses de théâtre et les grivoiseries des femmes perdues.

Or savez-vous quelle est la quantité annuelle de ces productions qui, aidées de la gravure, de la lithographie, de la musique, se mettent au service de la passion? On en a fait la statistique.

Nous sommes, comme chacun sait, dans le siècle des statistiques, et il n'y a presque pas de preuve qui vaille pour nos contemporains, si elle n'est appuyée par une statistique. On a compté qu'il s'édite annuellement en France de sept à huit mille romans, et que plus de cent cinquante mille journaux vont porter chaque matin au dernier paysan qui fréquente le cabaret du dernier village sa provision quotidienne d'obscénités. Notre littérature a ainsi répandu partout les influences corruptrices du sensualisme, dans la mansarde, dans l'atelier, dans les salons, dans les boudoirs, dans le secret des tiroirs bien clos, jusque sous l'oreiller des nuits. Elle en couvre la France comme d'un chancre qui la ronge; elle en passe même les frontières, et c'est avec raison qu'on nous a accusés d'enivrer le monde entier du vin de notre lubricité.

Quelle pourra bien être la conséquence sociale de ce débordement d'immoralité? L'histoire nous l'apprend en nous montrant que les peuples corrompus sont des peuples que la mort menace et cherche à envahir. Continuez donc, écrivains, pamphlétaires, journalistes, à répandre les mauvais livres et les mauvais feuilletons; étalez à toutes les vitrines les publications les plus licencieuses; remplissez toutes les bibliothèques de drames corrompus, et il ne restera plus bientôt, vous le verrez, qu'à sonner le glas funèbre sur un peuple qui va mourir, et qu'à lui creuser un tombeau sans honneur que l'histoire fermera sans regret.

Le sensualisme contemporain a de bien autres manifestations, et je ne saurais les énumérer toutes. J'en signalerai une venue d'où l'on devait le moins l'attendre : de la religion. Une religion est née, que nos pères ne connaissaient pas : religion étrange, où le sentiment seul est le fond, tandis que le reste, dogme, précepte, culte, est l'accessoire; le christianisme, moins l'austérité qui en est la base, moins le sacrifice qui en est l'esprit; christianisme sensuel, qui voudrait unir les enivrements de la terre aux enivrements du ciel, rêverie sentimentale, douce mélancolie, vague aspiration, religion qui pourrait être celle des poètes, des artistes, des amants, mais qui n'est pas la religion de Jésus-Christ.

Elle a tenté d'envahir le sanctuaire; et si, fidèle aux traditions du Calvaire, le prêtre n'eût pas été là avec sa croix pour l'arrêter, le sensualisme fût venu nous demander, devant nos autels, des chants comme ses chants, des harmonies comme ses harmonies, des spectacles comme ses spectacles, une parole comme sa parole. Il eût demandé au prédicateur de l'Évangile de conspirer avec la faiblesse du siècle et de se faire, non plus l'organe de la vérité, mais l'instrument de vibrations et de tressaillements sensuels.

Il s'applique chaque jour, avec un succès croissant, à déparer et à rapetisser nos églises que la religion vraie avait faites si grandes, si noblement et si pieusement ornées. A la place des décorations sobres et antiques, il étale le clinquant prétentieux des décorations modernes; sur le piédestal de nos vieux saints taillés dans le bois, la pierre ou le marbre, il dresse des terres cuites badigeonnées, des saints aux pommettes roses et aux joues bien rasées; au lieu de notre ancienne imagerie religieuse, d'une inspiration si pure et si élevée, il répand cette imagerie mignarde et ridicule, où l'on voit des troupes de colombes qui rament à tiré d'ailes dans des barques agitées, ou qui boivent en frémissant dans des calices, ou qui becquettent, en roucoulant, dans un cœur blessé. Il détourne les croyants des grandes dévotions du passé, qui avaient fait à nos ancêtres une foi si robuste, la Croix, l'Eucharistie, la Vierge, pour les livrer aux dévotions modernes, efféminées, fades, faites de pâte de guimauve et de fleur d'oranger, et si nombreuses que les âmes sont incertaines de savoir à quel saint il convient de donner la préférence et devant quelle niche il faut plus longtemps se prosterner.

Oui, on a bien modernisé les héros de notre foi, on les a bien mis à la mesure de notre siècle, qui restera, dans l'histoire, comme le type du mercantilisme ; on est arrivé à faire du docteur puissant et du grand thaumaturge que fut Antoine de Padoue, au XIIIe siècle, quelqu'un qui ressemble bien plus à un honnête marchand établi à son comptoir qu'à un saint dans sa niche.

Ce sensualisme éclate, à l'église même, en mille petites manifestations, souvent inoffensives, mais caractéristiques. Les rudes chrétiens d'autrefois, quand ils priaient Dieu dans sa maison, se mettaient volontiers à deux genoux sur la pierre nue. Ceux de notre temps se tiennent debout, le front haut, le regard ferme, les lèvres closes. Quant aux personnes de piété, il est assez de coutume, en certaines églises, qu'elles se réservent des prie-Dieu de velours. Je n'y contredis pas ; c'est leur plein droit. Je n'ai aucune animosité, mesdames, contre les prie-Dieu de velours. Et après tout, celles qui s'en servent sont si pieuses, elles dirigent tant de confréries et le disent si haut, elles font partie du conseil de tant de congrégations, elles déploient dans la conduite de tant d'œuvres un zèle si connu, elles portent un si grand nombre de scapulaires, que, l'usage ne leur permettant pas encore d'occuper, à l'église, la stalle du curé, il ne semble pas exorbitant qu'elles aient tout au moins un siège de velours. Il est à elles et pour elles, ce siège de velours, pour elles et à elles seulement; que les genoux profanes en prennent leur parti!

Ce sont de pieux enfantillages. Mais ce qui n'est pas un enfantillage, ce qui est grave, ce qui engage l'avenir de notre pays, c'est le sensualisme de la littérature, du théâtre, de la rue.

Si vous éveillez dans les âmes tous les appétits, si vous ôtez tous les freins, si vous saturez le peuple de tout ce qui abaisse, si vous le sevrez de tout ce qui élève, comment ne le mèneriez-vous pas à la décadence? Ce qui fait un peuple grand et fort, c'est l'élévation des pensées, l'énergie des caractères, l'austérité des mœurs; ce qui l'anémie, ce qui le perd, c'est la mollesse, la jouissance, le plaisir, le sensualisme.

Catholiques, c'est vous qui devez être les régénérateurs de votre pays; c'est à vous qu'il appartient d'être les sauveurs d'Israël, de souffler sur les os arides et de leur rendre la vie. Foulez aux pieds la philosophie méprisable des jouissances matérielles; soyez de vrais fils de la Croix; contenez les progrès d'un sensualisme qui menace de tout couvrir de ses envahissements. Autrement notre société ira de chute en chute, de décadence en décadence jusqu'à l'abîme, jusqu'à la mort, jusqu'au tombeau, et ce tombeau sera un tombeau déshonoré.

II

Les conséquences du sensualisme ont été dépeintes si souvent par les maîtres de la parole, qu'il serait à peine utile et qu'il pourrait être téméraire d'en refaire longuement le tableau.

Ils ont montré, en invoquant les données de l'expérience, qu'il énerve, affaiblit, paralyse l'intelligence. « J'ai connu, dit un médecin[1], des enfants parfaitement doués qui, au bout de deux ans, n'étaient plus reconnaissables. L'un d'eux s'est gâté comme à vue d'œil. En peu de temps

[1] V. BOUGAUD, *le Christianisme,* 1, 135.

son intelligence s'est émoussée. — Ce malheureux enfant avait épuisé les ressources qu'il tenait de la nature; le vice avait détruit en lui les ressorts de l'intelligence. Vainement, la tête entre ses mains, il étudiait patiemment; l'esprit était devenu rebelle. L'abus de la sensation avait détraqué pour toujours cet esprit excellemment doué. » « La perversité des sens, dit un autre médecin, produit souvent un affaiblissement très marqué de l'intelligence et particulièrement de la mémoire. Des jeunes gens qui avaient précédemment donné des témoignages non équivoques d'une certaine vivacité d'esprit et d'aptitude à s'instruire deviennent, après s'être livrés à des habitudes coupables, comme hébétés et incapables de toute application. »

Une intelligence servie par une chair sensuelle est impuissante. Pour grandir et pour réaliser des œuvres sérieuses, elle a besoin d'être servie par des organes calmes et souples, des nerfs apaisés et dociles, un sang pur et généreux. Troublez les sens par des excitations grossières, enflammez les appétits de la bête qui est en tout homme, jetez aux instincts les plus vils et les plus violents la bride sur le cou, obscurcissez le cerveau par les fumées malsaines qui s'élèvent des plus basses régions, et l'intelligence s'affaisse, ses aspirations les plus élevées sont détruites, sa vigueur est paralysée. Languissante, hébétée, alourdie, elle est condamnée à n'avoir qu'un vol terre à terre, à ne jamais désirer les hautes régions ou à être incapable de les atteindre.

Aussi répète-t-on à satiété, et non sans motif, que l'intelligence, en notre temps, a subi une baisse déplorable. D'autres siècles ont eu le goût de la vie intellectuelle au point d'en venir à des subtilités d'enseignement et de discussion qui nous semblent ridicules, mais qui étaient la preuve d'une merveilleuse ardeur pour les choses de l'esprit. Notre temps a fait le contraire; il s'est attaché aux joies de la terre; il les a recherchées et raffinées avec un art que la civilisation païenne connut à peine, et il s'est dépris dans la même mesure des choses de l'esprit. L'intelligence aime un petit vol tout doux et à ras du sol. Collectionner des timbres, couper des plantes et les ranger dans un herbier, épingler des insectes, casser des pierres dans le sentier et les numéroter avec soin dans un cabinet de minéralogie, sont des occupations qui la ravissent; mais elle a renoncé à son ancien amour pour les spéculations; elle a cessé d'aspirer aux sommets, et le vertige la prend dès qu'elle veut les gravir. Des machines qui suppléent aux bras de l'homme et augmentent le bien-être, des inventions qui facilitent la vie, des entreprises et des calculs qui produiront la richesse, et, par la richesse, la jouissance, voilà aussi l'objet de ses admirations ; mais la haute philosophie, les profondeurs de la théologie, l'âme et ses destinées, les mystères de l'invisible, la contemplation de Dieu, elle en a médiocre souci. Aussi notre génération a eu des artistes, des poètes, des lettrés, des savants, autant peut-être qu'aucune autre ; mais où sont les œuvres qu'elle a marquées pour l'immortalité ? Ah ! si ces hommes étaient restés fidèles à leur mission, ils auraient réalisé de grandes choses, et par eux l'humanité aurait fait des progrès glorieux ; mais le sensualisme les a paralysés. Que d'étoiles n'avons-nous pas vues tomber du ciel de la poésie, de l'éloquence, de la littérature ! Que de poètes, jadis sublimes, sont devenus les chantres des sensations ! Les aigles qui s'élevaient jusqu'aux dernières profondeurs et qui allaient boire la lumière à sa source ont été brusquement précipités dans la boue et s'y sont enfoncés de tout le poids de leur chute.

Et s'il en est ainsi des grands esprits, que sera l'incapacité intellectuelle de la foule ? Pour la plupart de nos contemporains, qu'est-ce que l'âme, Dieu, le bien, le mal, les grands problèmes

qui ont toujours passionné l'humanité? Où les
étudient-ils? Que lisent-ils? Ce n'est pas seulement le livre sérieux, si cher à leurs ancêtres,
qui est tombé de leurs mains, mais tout écrit, si
minuscule soit-il, qui traite de questions élevées.
Beaucoup de mes contemporains, depuis leur
sortie du lycée, n'ont pas donné un quart d'heure
d'examen aux questions les plus importantes,
à celles qui intéressent directement le but de la
vie. Ils se sont occupés d'affaires, de finances,
de théâtre, de plaisir, de politique, du ministère d'hier ou du ministère de demain; mais ils
n'ont lu ni un livre, ni une brochure, ni un
écrit quelconque sur le problème religieux. Leur
esprit anémié ne sait plus digérer cette nourriture trop solide. Ce qu'il lui faut, c'est uniquement le journal, et non pas le journal scientifique, littéraire, politique, mais le journal amusant,
tout fait de cancans de boulevard, d'historiettes
grivoises, d'anecdotes équivoques, de feuilletons
dégagés, de récits graveleux. Voilà l'aliment quo-
tidien de ce peuple dont la gloire littéraire a été
incomparable, et qu'aucun autre n'a surpassé
dans les dons de l'esprit. Que le sensualisme
achève son œuvre; qu'il chasse de plus en plus
de l'âme française l'élévation, la noblesse, la gravité, ne lui laissant que la frivolité et la licence,

et vous verrez ce qui adviendra! Nous aurons encore des barbouilleurs de papier, nous n'aurons plus d'écrivains; nous aurons des sophistes, nous n'aurons plus de philosophes et de penseurs; nous serons un peuple d'histrions et de rhéteurs, comme la Grèce du temps de Cicéron. Nous dirons encore bien haut nos gloires passées et nous fatiguerons la terre de ce récit, mais sans rien ajouter à ces grandeurs que le contraste de notre décadence et de notre corruption.

Le sensualisme impose à la volonté les mêmes déchéances qu'à l'esprit. Il fait de l'homme un être amoindri, une insignifiance et une nullité morales, une âme rebelle à l'abnégation et au sacrifice, la proie de tous les égoïsmes.

Un des signes de notre temps, de l'avis des moins pessimistes, c'est l'effondrement des caractères. Il n'y a plus d'hommes, dit-on. Pourquoi? Parce que les hommes n'ont plus à leur service qu'une volonté efféminée, sans ressort, molle comme de la charpie. Elle n'a point d'ancres; elle est vague, flottante, sans racines. Étonnez-vous que toutes les forces manquent à la fois : la force du riche, qui devrait trouver dans sa richesse même une nouvelle raison de se dévouer; la force du pauvre, qui devrait porter sans murmure et sans haine le poids de la vie, si inclémente qu'elle soit; la force du chef d'État, gouvernant pour le bien public, non pour lui-même ou pour son parti; la force de l'homme public, parlant, votant, agissant dans sa pleine indépendance; la force du subordonné, obéissant sans doute, mais jusqu'à la limite fixée par la conscience, et capable d'opposer toutes les résistances à qui a l'impudence de commander le mal; la force du magistrat, qui ne rend que des arrêts et ne veut servir que la justice; la force du soldat, qui estime l'honneur plus que toutes choses; la force de l'écrivain, qui ne se vend pas, qui met sa plume au service de la vérité, non pas au service de l'or ou de la force, qui ne trahit pas sa mission.

Il s'agit bien de force! Une unique passion règne sur l'âme populaire : la passion du bien-être, le désir de la jouissance. Et comme pour jouir il faut posséder beaucoup, cette avidité du plaisir produit une soif insatiable de l'or. Toutes les classes se précipitent pêle-mêle vers cet or, seule noblesse désormais, seul honneur, seule considération. Ce qu'on recherche, ce qu'on convoite, c'est le plaisir, et comme le plaisir s'achète par l'or, on veut beaucoup d'or, afin d'avoir beaucoup de plaisir. Les fonctions électives, les charges publiques, les dignités, les places sont appréciées en raison des appointements qu'elles procurent. Sont-ils modestes? Elles provoquent peu d'ambitions. Sont-ils élevés? Elles sont briguées par une foule de compétiteurs avides. Prières, promesses, intrigues, bassesses, tout leur sert à les obtenir. Ce qui importe, ce n'est pas, à leurs yeux, de garder l'honneur tout en acquérant des honneurs, c'est de faire provision d'argent.

Le dévouement aux grandes causes, le zèle pour la vérité, la lutte pour le bien, le patriotisme, deviennent lettre morte. A vingt ans, la jeunesse est déjà sans enthousiasme, déprise de tout idéal, blasée. Voyez le jeune homme bien élevé, religieux même, mais livré corps et âme à l'empire énervant du sensualisme : que fera-t-il dans ce vieux château qui abrita jadis tant d'ancêtres fameux et d'hommes héroïques? Il vivra, il végétera dans une atmosphère sensuelle. Artiste ou littérateur, il fera de l'art ou de la littérature sensuelle. Étranger aux lettres et aux arts, comment tuera-t-il l'ennui de ses journées? Il poursuivra de bal en bal, de soirée en soirée, des intrigues et des liaisons sensuelles. Ses ancêtres étaient les hommes des champs de bataille; il sera, lui, l'homme des salons parfumés. Quand son grand-père traversait le village, avec sa belle allure martiale, son air chevaleresque, le peuple disait, chapeau bas : « C'est le seigneur ! » Quand il passe, lui, poudré, frisé, pomponné, suivi de ses chiens ou se dandinant sur son pur-sang, les paysans sourient et disent : « C'est le gommeux qui passe ! » Que fera ce dégénéré pour la cause de son Dieu? Rien. Que fera-t-il pour sa famille? Rien. Que fera-t-il pour son pays? Rien. Le sensualisme est peu compatible avec l'amour de la patrie. Cet adolescent en parlera beaucoup et d'un verbe haut et sonore; mais il sera incapable de souffrir et de se sacrifier pour elle. Ah ! s'il s'agit seulement d'étaler sur la voie publique des parades, de faire briller, sous le soleil du 14 juillet, des casques de pompier, de défiler, tambour battant et drapeaux déployés, sous les yeux de la foule, on pourra compter sur lui. Mais que l'ennemi ait violé la frontière, que tous les citoyens soient appelés par le pays en danger, qu'il s'agisse de supporter des épreuves et même de risquer sa peau, le froid le prend au cœur et il se sent tout tremblant. Vous ne le traîneriez pas à la bataille, tant il a peur d'en revenir avec un habit troué. Que lui importe, après tout, que la patrie soit humiliée et même démembrée, pourvu qu'il n'en souffre pas trop? Dans la patrie il ne voit que son champ, sa maison, ses coupons, et il se résignerait à être Prussien s'il devait continuer à être tranquille et à toucher ses rentes.

Le sensualisme tue le cœur plus sûrement encore qu'il n'énerve la volonté. Quand saint Paul voulut caractériser d'un mot le sensuel, il dit : *sine affectione,* « il est sans cœur. »

Le sensualisme a des appétits, il ne peut pas avoir d'amour; il a de l'égoïsme, il ne peut pas avoir de dévouement. Tout pour lui, voilà son programme. Le monde entier lui semble créé pour s'employer à le satisfaire. A lui tous les biens, pour qu'il en jouisse! A lui toutes les joies, pour qu'il les savoure! Il faut qu'il soit heureux, qu'il ait des plaisirs, des succès, des honneurs, dût-il en coûter aux autres des larmes et des sacrifices! Et si, malgré tout, dans cette abondance, la fatigue le prend, si la lassitude vient, pour faire diversion à l'ennui, il n'hésitera pas à commettre les pires attentats : on verra Néron brûler Rome, les empereurs de la décadence faire mourir en une seule hécatombe jusqu'à vingt mille esclaves ; Couthon et tant d'autres, ses complices ou ses rivaux, commettre froidement les plus atroces cruautés ; Raoul Rigault, encore tout imberbe, en venir à vouloir brûler Paris et « biffer le nommé Dieu » !

Mais ne croyez pas que le sensualisme, en multipliant les plaisirs, rende le cœur heureux ; il le désenchante, il le blesse à mort, il crée en lui cette maladie crucifiante que les anciens appelaient *tædium vitæ*, l'ennui de vivre, et que vous appelez, je crois, névrose, neurasthénie, un mot peut-être plus complexe et plus savant, mais certainement moins expressif et plus barbare : maladie bizarre, changeante, indéfinissable, faite de langueur physique et de lassitude morale, d'irritation du système nerveux et d'irritation du caractère, d'éléments multiples, disparates, contradictoires, si vague enfin et si insaisissable qu'on n'en peut dire avec certitude qu'une chose : c'est qu'elle apprend à rendre la vie odieuse à soi-même et aux autres. On assure que ce genre d'affection pathologique sévit surtout parmi les dames. Qu'elles me pardonnent de le dire : je le fais en toute simplicité et ne suis qu'un écho. Ce sont messieurs les docteurs qui ont avancé cette hypothèse, en cela d'accord assez généralement avec les maris.

L'ennui, un incurable ennui, est le grand mal des cœurs névrosés par le sensualisme : ils voient quelque chose de funèbre jusqu'en leurs meilleures joies; ils trouvent amères leurs félicités les plus douces; ils voilent toutes choses d'un crêpe lugubre. Ils rêvent, ils désirent l'irréalisable, des chimères dorées, de brillantes fêtes qui durent toujours, un bonheur qui ne s'affaiblisse jamais, une beauté qui ne se fane pas, des amours qui ne s'attiédissent pas, un visage qui ne se ride pas, des cheveux qui ne blanchissent pas, des dents dont l'émail ne se ternisse pas, des ivresses qui ne se calment pas, un Éden si enchanteur enfin qu'il existe seulement dans les contes de fées.

Sous la pression de cet ennui, ils demandent au théâtre, au roman, à la littérature, à tout ce qui compose la société du sensualisme, des étonnements, des plaisirs non encore savourés, des féeries jusqu'ici inconnues. Et elle s'y emploie. Il faut bien réjouir et amuser ces blasés. Mais l'ennui ne cède pas, le cœur demeure vide et affamé. Cherchez donc, ingéniez-vous, inventez ! On trouvait bien autrefois : dans le paganisme, il n'y avait pas de ville qui n'eût son cirque. Rome avait bâti le Colisée : on y voyait des combats de bêtes féroces, des combats d'hommes; les gladiateurs y récréaient la multitude par le spectacle de leurs luttes avec les fauves et de leur sanglante agonie; on y poussait les martyrs, qui devenaient la nourriture des lions. Ah! ce n'était pas banal, cela; c'était émotionnant du moins, et de tels amusements devaient rendre le spleen impossible. Cherchez donc, cherchez; nous souffrons d'un mal épouvantable au milieu de nos jouissances fades et de nos plaisirs usés, et nous nous sentons périr d'ennui. Arrachez-nous à cette langueur et à ce martyre, et donnez à notre cœur et à nos sens des satisfactions moins insipides et encore inconnues.

Le corps n'échappe pas à l'action du sensualisme. Plus que le cœur, la volonté, l'intelligence, il en subit les dépressions fatales.

Lacordaire les a signalées en caractères de feu dans ces pages où il dépeint « ces hommes qui, à la fleur de l'âge, à peine honorés des signes de la virilité, portent déjà les flétrissures du temps; qui, dégénérés avant d'avoir atteint la naissance totale de l'être, le front chargé de rides précoces, les lèvres impuissantes à exprimer la bonté, traînent sous un soleil tout jeune une existence caduque ». Sur leurs lèvres, plus de sourires; plus de larmes sous leurs paupières. Un front déjà chauve, des joues creusées, des yeux vagues et caves, la démarche chancelante : voilà ces vieillards de vingt ans. En les voyant, vous croyez entendre les pas du fossoyeur se hâtant de recueillir pour le cercueil ces organes avilis et usés.

Leur corps est miné, excédé, déprimé par la jouissance; quelquefois il est rongé par ces maladies dont la science médicale a fait d'affreuses peintures, par ce chancre qui vicie le sang, disjoint les os, fait tomber les chairs en putréfaction. Quelle sera maintenant la destinée de ce lépreux de la débauche? Encore s'il avait conscience de son mal épouvantable, s'il avait le courage de s'enfermer chez lui comme dans un hôpital, de s'isoler et d'établir autour de lui comme un cordon sanitaire! Mais il ira, le malheureux, oublieux de toute justice et de toute honnêteté, il ira porter sa contagion à une épouse innocente et pure, vouée désormais à un opprobre qu'elle n'avait pas prévu et à d'incurables souffrances, et transmettre à des générations défaillantes et souillées un vice héréditaire. Pauvre famille, celle dont les bases plongent dans cette boue! Pauvre femme, celle dont l'âme, le corps, la vie sont enchaînés à cette corruption! Pauvres enfants, ceux qui vont naître de cette dépravation : êtres amoindris, voués à un rachitisme abject, êtres sans honneur, sans espérance, sans avenir, et qui transmettront eux-mêmes, comme un patrimoine désormais inaliénable, à une postérité languissante la tare paternelle !

Ainsi, c'est le corps même de la France, ce corps jadis si vigoureux, si sain, si bien proportionné, c'est le corps de la France qui est déprimé par le sensualisme. Son sang se décolore, en sorte qu'en certaines grandes villes, à Paris, dit un écrivain, on s'imagine errer au milieu d'un peuple de fantômes. Où est le temps où nos robustes ancêtres se trouvaient à l'aise dans leur armure d'acier, et où ils portaient d'une main légère leur lourde épée de six pieds de long ? Où sont ces soldats du premier Empire, que toute la terre connaissait et qui avaient bravé les feux et les glaces de tous les climats ? Où sont même ceux qui firent les campagnes du milieu du dernier siècle, et dont les ennemis admirèrent tant de fois l'endurance et l'énergie ? La vigueur des générations nouvelles a fléchi ; la taille baisse, et on est obligé de quinze ans en quinze ans d'en faire descendre le niveau pour l'armée. La patrie voit s'affaiblir ses soldats, leur poitrine s'étriquer, leurs bras se fuseler, leurs jambes ployer sous un corps grêle et sans vigueur ; elle voit sa grande épée mise aux mains d'êtres chétifs et malingres qu'on aurait autrefois envoyés aux fuseaux. A qui la faute, sinon, pour une très grande part, au sensualisme, qui énerve les corps les plus vigoureux et vide un poison mortel dans les veines de la nation ?

Ce n'est pas seulement la vigueur de la race française qui s'amoindrit sous l'influence de mœurs sensuelles et corrompues, c'est la population elle-même qui diminue comme une huile épuisée dans une lampe qui s'éteint. Un mal inconnu à nos pères, le mal des peuples qui s'en vont, amoindrit chez nous et tend à tarir les sources de la vie. Il semble que nous soyons arrivés à ces jours de l'empire romain, où il fallait des lois pour arracher la jeunesse aux égoïsmes du célibat, où il fallait ensuite des faveurs, des privilèges et des pensions pour obliger les familles à avoir des enfants. Dans les statistiques qui montrent le développement de la vie sur la surface du globe, la France tient la dernière place. Aujourd'hui la différence des naissances entre notre pays et l'Allemagne se chiffre pour nous par un déficit de mille sept cents âmes par vingt-quatre heures. Et un homme de guerre de cette nation, de Moltke, exprimait ce fait sous cette forme : « Chaque jour, la France perd une bataille. » Cette disproportion est plus lamentable encore quand on compare la France à la Russie, à l'Angleterre, aux États-Unis. L'accroissement annuel des États-Unis est d'un million cent cinquante-six mille habitants; de l'Angleterre, trois cent quarante mille habitants; de l'Allemagne, quatre cent quatre-vingt-quatorze mille habitants. Ces peuples augmentent le chiffre de leur population dans une proportion de deux cent soixante, cent trente et un, cent treize par dix mille habitants, tandis que la population de la France diminue ou qu'elle s'élève dans d'insignifiantes proportions[1]. Et voici que notre pays en est venu à manquer de bras pour cultiver son sol.

C'est le sensualisme qui est cause de ces malheurs, le sensualisme qui déprave la jeunesse et qui lui fait envisager le mariage comme une

---

[1] En France, le nombre des naissances, qui était de neuf cent trente-sept mille neuf cent quarante-quatre en 1883, est descendu jusqu'en 1890, où il a été seulement de huit cent trente-huit mille cinquante-neuf. Depuis lors, il a oscillé entre huit cent soixante-six mille trois cent soixante-dix-sept, chiffre de 1891, et huit cent vingt-sept mille deux cent quatre-vingt-dix-sept, chiffre de 1900.

charge inacceptable ; le sensualisme qui apprend au père à rêver pour ses fils d'un patrimoine intact et à vouloir qu'ils aient beaucoup de fortune, sinon beaucoup d'honneur ; le sensualisme, qui pousse les parents à fonder la triste et languissante dynastie des fils uniques ; le sensualisme qui invite les jeunes mères à fuir la maternité, parce que la maternité impose des devoirs, qu'elle éloigne du plaisir et de la frivolité, qu'elle nuit aux élégances vaines et coupe court pour un temps aux amusements et aux frivolités de la vie mondaine.

Ainsi le sensualisme, c'est la dégradation de l'être humain, l'affaiblissement graduel du corps, de l'intelligence, de la volonté, du cœur.

Le sensualisme, c'est l'affaiblissement de la race française, sa honte, la honte des foyers éteints, des berceaux vides, des cœurs glacés, des plaisirs lâches, la ruine de la patrie.

Et si la France doit mourir ; si, ce qu'à Dieu ne plaise, nos destinées s'achèvent ; si nous devons être poussés par une force impitoyable et invincible dans le silence de l'histoire, que nous n'y entrions pas du moins par une porte déshonorée!

France, ô ma chère patrie! le Christ te sauvera. Et si, ce que je ne crois pas, ce que je ne saurais croire, tu ne dois pas être sauvée, que tes derniers moments soient dignes de ton passé! Tombe sur un champ de bataille, indomptable jusqu'en face de la mort, l'âme sereine et forte, le front haut et le visage tourné vers l'ennemi! Que la noblesse et la grandeur de ton trépas étonnent et instruisent le monde! Étends-toi, comme en un linceul, dans ton drapeau sans tache; que les peuples admirent ton agonie et puissent pleurer sur ta tombe! Mais que tes ennemis eux-mêmes ne t'accusent pas d'être entrée dans l'histoire par le chemin de l'infamie.

Catholiques, à vous de faire que ce malheur soit épargné à votre pays! Vous le pouvez en vous arrachant aux influences d'un sensualisme malsain et meurtrier, en revenant généreusement aux principes d'abnégation, de sacrifice, de vertu, qui sont le fond de votre foi.

Jeunes gens, vous surtout, vous êtes appelés à jouer un grand rôle dans cette régénération nécessaire. Vous êtes l'espérance de la religion et du pays, et leur lendemain sera ce que vous l'aurez fait. Le sang qui coule dans vos veines leur appartient. Vous l'avez reçu généreux et pur des générations chrétiennes qui vous ont précédés. Voudriez-vous qu'il arrivât vicié, corrompu, stérile, à la génération prochaine? Le pays a besoin de serviteurs dévoués et forts; l'Église a besoin aujourd'hui de chrétiens fidèles et énergiques, il se peut que demain elle ait besoin de martyrs. Voudriez-vous ne mettre au service de l'un et de l'autre que des cœurs amollis, des mains défaillantes, des êtres dégénérés et déchus? Oui, oui, si vous gardez au cœur, et vous l'y gardez sûrement, ce double et grand amour : la religion et la France, laissez-moi vous crier en face des dangers de l'heure présente : Résistez aux envahissements du sensualisme; résistez, jeunes gens, résistez, pour l'honneur et pour le bien de l'Église, pour le salut de la patrie!

L'OR

L'OR

On accuse assez généralement notre temps d'avoir l'amour de l'or. Les moralistes le lui reprochent même comme si ce mal lui était particulier. C'est une injustice.

L'amour de l'or fut de tous les temps; il a été, dans tous les siècles, le tourment de l'humanité. Les Syriens s'agenouillaient devant Mammon. Midas suppliait les dieux de convertir en or tout ce qu'il toucherait. Platon convient que ses contemporains aimaient l'argent au point qu'ils auraient consenti à en avoir l'estomac rempli et à porter des écus jusque dans leur cervelle, au risque d'en mourir. Les Romains adoraient Plutus. Leurs écrivains nous apprennent que ce dieu du lingot avait d'abord résolu de ne jamais se lier qu'avec les gens de bien; mais Jupiter le rendit aveugle, et cette malheureuse cécité a été cause qu'il s'est mis depuis longtemps à fréquenter les pires compagnies. Quant aux Israélites, tout le monde connaît leur histoire : ils firent un veau d'or, lui dressèrent un autel et lui offrirent des holocaustes. « Tout le peuple s'assit autour de l'idole pour manger et pour boire, et on se leva ensuite pour jouer[1]. » Mais Moïse, étant descendu de la montagne, vit le veau d'or et les danses. Il réduisit l'idole en poussière, jeta cette poussière dans l'eau, et il en fit boire au peuple. Depuis lors, les Juifs n'ont jamais cessé de désirer ce breuvage de leur berceau; leurs lèvres ont été brûlantes chaque fois qu'ils n'ont pas pu les y tremper; sous tous les cieux, dans tous les siècles, Israël a eu soif de l'or.

Ce qu'il y a de nouveau, ce n'est donc pas l'amour de l'or, non; c'est la souveraineté, l'universalité, la frénésie de cet amour; c'est la persuasion qui a saisi les foules, que l'or est tout, qu'il est le bien suprême. L'esprit public s'est ainsi faussé qu'il en est venu à tenir pour un sot quiconque ne fait pas de l'argent son idéal, et le moine, qui ne veut rien avoir au monde qu'une serge grossière et un peu de pain, lui semble tout aussi bizarre que ces chevaliers du moyen âge,

[1] *Exode*, ch. XXII.

tout bardés de fer, avec leur cuirasse d'acier et leur épée de six pieds de long.

C'est étrange : car qu'est-ce que l'or, pour qu'il inspire cette passion? C'est une poussière, un métal. Les chimistes en savent la composition, la densité. Il semble qu'il ne puisse être pour aucun de nos sens un principe de félicité : il ne charme point nos yeux par sa couleur; son goût ne réjouit pas notre palais; son contact n'est pas une caresse pour nos mains; sa sonorité est sans agrément pour l'ouïe. Et cette petite monnaie brillante serait le dieu du jour? — Oui, cet or n'est rien et il est tout. Il achète la joie, le plaisir, les honneurs, le confort, même la considération; c'est la monnaie dont on paye la jouissance sous toutes ses formes.

Or ce que veut par-dessus toutes choses cette génération, ce qu'elle recherche, c'est justement la jouissance. Dans la classe intellectuelle, on l'espère de l'ambition satisfaite, des honneurs, de la renommée, du pouvoir; dans la classe bourgeoise, du bien-être, de la bonne chère ou de la galanterie; dans le peuple, de l'alcool ou du vice brutal; mais tous la convoitent. Et comme on se la procure avec l'or, on aspire à avoir beaucoup d'or pour avoir beaucoup de jouissance; le mot d'ordre, c'est : Enrichissons-nous! Exploiter la terre, prendre le globe par les deux pôles et le presser comme une orange pour en extraire tout le suc, c'est le rêve, c'est comme la religion de l'humanité contemporaine, le culte des temps nouveaux.

On le décore de grands noms; on l'appelle progrès, civilisation, conquête du globe. Les noms n'y font rien; la vérité, c'est qu'on ne voit partout, du haut en bas de la hiérarchie sociale, que des coureurs de richesses. Comme le paganisme, notre société est à genoux devant Mammon; comme Israël, elle a fait son dieu du Veau d'or.

Le Veau d'or est toujours debout, et il a le triste pouvoir de séduire la multitude et de se faire obéir de tous : *Pecuniæ obediunt omnia*[1]. Tous les désirs, tous les efforts, tous les bras se tendent vers lui. Il est debout sur son piédestal souillé, et il a ses pontifes, ses adorateurs et ses victimes.

[1] *Eccles.*, ch. x, 19.

I

Les pontifes de Mammon, ce sont les spéculateurs aux desseins hardis, à la conscience cauté-
risée, au cœur impitoyable, qui, par des vols
gigantesques, déguisés sous le nom d'agiotage ou
de coups de Bourse, se taillent dans l'avoir de tous
des fortunes scandaleuses, avec lesquelles ils se
procurent tous les raffinements du plaisir, inter-
viennent dans les affaires publiques, agissent, dans
le sens de leurs haines et de leurs passions, sur
les destinées d'un pays.

On fait quelquefois peser ces responsabilités
indistinctement sur tous les capitalistes, tous les
industriels, tous les financiers, au moins sur tous
les puissants financiers. C'est un tort. Il y a des
millionnaires qui sont des gens irréprochables. Ils
rangent leurs valeurs dans un coffre-fort incom-
bustible et solidement fermé. Ils touchent bien
tranquillement leurs rentes, et tout au plus sont-
ils coupables de ne pas assez se préoccuper de
l'origine lointaine de leurs revenus. Leur horizon
ne dépasse pas le guichet de la banque dont ils

sont les clients fidèles, et à peu près toute leur
raison d'être en ce bas monde est de paraître
à ce guichet, leurs coupons en mains, à des
époques fixes. Dans la société, ce sont des parasites qui consomment et qui ne produisent rien,
mais des parasites inoffensifs, nullement hantés
par le désir de nuire à autrui, incapables de
toucher à un cheveu sur la tête d'un enfant.

Tout autres sont les vrais pontifes de Mammon.
Leur sanctuaire, c'est la Bourse; leur mission,
drainer des capitaux à leur profit.

Cette mission, ils la remplissent par des opé-
rations financières sans scrupule et sans moralité, un agiotage effréné, des entreprises qui
ont pour but de vider dans leurs caisses la bourse
des naïfs, de préparer quelqu'une de ces catastrophes dont on a vu tant d'exemples, encore
présents à toutes les mémoires, et qui ont fait,
en notre temps, un si grand nombre de malheureux.

Ils remplissent aussi cette mission par les brigandages de l'accaparement et du monopole, les
razzias qu'ils opèrent périodiquement sur les
marchandises même de première nécessité, sans
souci des perturbations qu'ils jettent dans le
commerce, l'agriculture, l'industrie, par les
exactions qu'ils exercent, autrement rigoureuses

que celles qui, dans le moyen âge primitif, avaient fait qualifier certains barons d'*excoriatores rusticorum*.

Leurs moyens, c'est l'intrigue, la concussion, l'escroquerie, l'usure, cette usure dévorante, *usura vorax*, dont parle Léon XIII, par laquelle ils drainent la fortune publique et entretiennent la ruine chronique du genre humain.

Ce sont les complots qui se trament aux cavernes de l'agiotage, là où les capitalistes se concertent pour faire tomber par des coups inattendus la valeur des choses et la fortune des hommes, où le mensonge est accrédité pour s'assurer la richesse, où l'on demande à une presse vénale des nouvelles imaginaires, capables de provoquer des catastrophes.

Ce sont ces faillites immorales, ces chutes habiles, ces liquidations factices, calculées d'avance comme devant produire de gros profits, au risque de condamner à la misère des familles entières.

De là ces fortunes formidables, telles que le passé n'en connut point de pareilles, vraie féodalité, plus puissante que l'ancienne, faction redoutable qui, dit le pape, « maîtresse absolue de l'industrie et du commerce, détourne le cours des richesses et en fait affluer en elle toutes les sources. » Elle s'impose à tous, aux peuples comme aux gouvernements : aux peuples, en les soumettant à une exploitation savante et meurtrière ; aux gouvernements, en les tenant par mille liens dorés et secrets. Elle donne, et, quand elle a donné, elle est puissante par les petits papiers qui accusent réception. Les hommes d'État, même honnêtes, sont obligés quelquefois de subir ses ordres ; sans quoi c'est l'échec des projets de lois, la chute des ministères, un conflit avec l'étranger, l'arrêt de la machine politique. Les affaires publiques s'orientent souvent dans le sens que la finance a déterminé. On sait aujourd'hui que le chancelier de fer, Bismarck, quand il frappa contre l'Église ses plus grands coups, ne fit qu'obéir aux injonctions de la haute banque cosmopolite. Elle intervient avec autorité dans la vie des peuples, et l'histoire expliquera vraisemblablement par ses néfastes influences la plupart des injustices sociales de notre temps.

II

Mammon est une divinité véritable, et par conséquent il ne lui faut pas seulement des pontifes, mais aussi des adorateurs.

Ses sanctuaires en débordent. Les ambitions cupides, les rêves de fortune sans travail ne sont pas, dans notre société, un fait isolé; c'est le mouvement presque universel de la génération présente. Depuis l'humble ouvrier jusqu'au puissant industriel, depuis la chaumière jusqu'au palais, depuis les derniers rangs de la hiérarchie sociale jusqu'à ses plus hauts sommets, il y a comme un vent de cupidité qui traverse les âmes. Le bruit de l'écu est la seule musique qui enivre désormais les multitudes. L'argent est au fond de tous les projets, au bout de toutes les carrières, au faîte de tous les honneurs. A voir la tendance générale qui nous emporte à sa conquête, on dirait que nous avons cessé d'être un peuple de lettrés, de savants, d'artistes, de guerriers, pour devenir un peuple d'agents de change et de banquiers.

Les adorateurs de Mammon, ce sont, au premier rang, les écrivains qui font de la profession littéraire un mercantilisme.

On peut s'étonner de la prodigieuse quantité de productions immorales qui sont mises en circulation parmi nous : elles s'offrent au passant dans presque toutes les vitrines des libraires en vogue, toutes les bibliothèques de gares, tous les kiosques ; elles remplissent l'atelier, pénètrent jusqu'au foyer des meilleures familles, s'étalent ostensiblement dans les salons.

La raison en est simple : c'est que la corruption rapporte ; elle rapporte d'autant plus qu'elle est plus complète et plus raffinée. Un roman de Zola représente plus d'or que le meilleur ouvrage de Pasteur ou que toute la collection des discours d'Albert de Mun ; et le jour où surgira un barbouilleur de papier capable de condenser dans le même nombre de pages plus d'immoralités que Zola, son produit aura un plus fort tirage que les livres de l'écrivain réaliste.

Au bout de votre ligne mettez une rose, disait Théophile Gautier, et vous ne prendrez pas le moindre fretin. Accrochez-y un ver ou un morceau de vieux fromage, et les poissons sauteront à qui mieux mieux hors de l'eau, de trois pieds pour le happer.

Quand on disait à Balzac que ses romans avaient fait du mal : « C'est possible, répondait-il ; mais ils m'ont rapporté cent mille livres de rentes. » Les romanciers contemporains, qui ont fait de notre littérature la chose fétide que l'on sait, n'ont pas obéi à un autre mobile. Ils ont compris que la corruption de notre temps pousse à une hausse formidable les productions de l'immoralité, et ils sont entrés dans cette industrie, comme d'autres dans celle de la tannerie ou des engrais, pour y faire des profits.

Le public témoigne qu'il veut, non pas des parterres embaumés et ravissants, mais des malpropretés, et qu'il préfère les tas d'immondices aux massifs de fleurs. Il consent même à payer au poids de l'or les détritus les plus vils. En vertu de la loi bien connue de l'offre et de la demande, des industriels se présentent donc pour le satisfaire, empoisonneurs attitrés, pornographes de profession, exploiteurs à gages de la dépravation, qui mettent d'autant plus d'ardeur à exercer leur métier qu'il les enrichit plus vite.

Les adorateurs de Mammon, ce sont les journalistes pour qui la presse n'est qu'un capital auquel il faut faire rapporter, par l'encre et le

papier, de gros intérêts. Leur but est, non pas
de servir une cause qu'ils croient juste, mais de
servir le parti qui les paye, de faire le jeu des
actionnaires et d'accroître leurs dividendes; non
pas de donner la vérité au peuple, de l'instruire
sur ses droits et sur ses devoirs, mais de flatter
ses passions, d'exciter sa curiosité, d'attiser ses
haines, afin d'amener des gros sous.

Les adorateurs de Mammon, ce sont les com-
merçants sans conscience : ceux-ci, professionnels
de la faillite ou de la liquidation judiciaire,
habiles, dans les affaires, à côtoyer constamment
le code pénal, usant de procédés spéciaux et hors
de la portée des honnêtes gens pour payer leurs
fournisseurs; — ceux-là organisant les concur-
rences les plus déloyales, attirant la foule des
badauds par la duperie calculée de l'étalage et le
puffisme insensé d'une réclame qui jette chaque
année, pour les seuls grands magasins de Paris,
trente millions à la presse dans le seul but d'amor-
cer la clientèle; — un grand nombre, ingénieux
à tromper sur le prix ou la qualité des marchandises, sur leur quantité, en les altérant par des
mélanges habiles ou en faisant mouvoir à leur
gré les balances frauduleuses de l'injustice, sur
leur nature même, par des falsifications auda-

cieuses. Tout un volume suffirait à peine à énoncer les falsifications incroyables introduites par l'amour du lucre dans l'industrie et dans le commerce contemporains. On vous fait tous les jours des vins sans vignes et sans raisins ; on fabrique des œufs artificiels ; des résidus de pétrole se convertissent en pâtés, et les étoupes qui ont dégraissé les machines et les locomotives se métamorphosent en beurre de Normandie. Et tous ces fabricants audacieux, tous ces vendeurs cupides, tous ces voleurs patentés se proclament sincères et sans reproche, tous parlent de l'ancienneté de leur maison, tous font sonner bien haut leur probité commerciale et leur honneur professionnel, tous nous donnent de bonnes raisons de nous défier de leur rival, tous affichent une étiquette d'honnêteté et de candeur.

Les adorateurs de Mammon, ce sont les hommes qui, dans les charges qu'ils occupent, dans les dignités qu'ils briguent, ne voient qu'une chose : les appointements. Les places se mesurent dans leur estime à l'argent qu'elles produisent. C'est cet argent qu'ils convoitent ; c'est pour obtenir cet argent qu'ils sacrifient leur indépendance, leur dignité, leur foi. L'or leur dit : « Tu veux cette place, cet avancement, cette situation enviée ?

Eh bien, il faut renoncer à ta foi, vendre l'âme de tes enfants, devenir contre ta religion l'instrument de l'injustice et de la haine. » Ils répondent : « Je renonce à ma foi, je livre l'âme de mes enfants, je serai contre ma religion l'instrument de l'injustice et de la haine. » Les malheureux ! les malheureux ! Ils sacrifient leur honneur, leur conscience, leur âme. S'il le fallait, je crois, pour conquérir ces faveurs, ils marcheraient dans le sang.

Bonaparte voulait consolider son pouvoir et épouvanter ses ennemis. Contre tout droit des gens, il fait saisir, dans le duché de Bade, le jeune duc d'Enghien, fils du prince de Condé. On amène le captif à Vincennes, et le Consul ordonne à une commission composée des hommes sur lesquels il croit pouvoir le plus compter, de juger, ou plutôt de condamner le jeune prince. Savary, duc de Rovigo, la présidait. Hullin, qui avait pris la Bastille, en faisait partie. On ne demande pas à ces hommes de guerre si le prisonnier est coupable, non ; on leur enjoint de condamner. Émus par la jeunesse et par l'innocence de l'accusé, leurs cœurs ont un sursaut de révolte. On réfléchit, on délibère, et, après un interrogatoire inutile, puisqu'il n'y avait aucun crime, les juges envoient à la Malmaison demander grâce. Sur la requête, au bas de leurs signatures, Bonaparte écrit : « Condamnez à mort. » Et ces juges, il faudrait dire ces bourreaux, le désespoir au cœur, la honte au front, pour conserver et pour accroître leurs titres, leurs dignités, leur argent, condamnèrent à mort. A quatre heures du matin, dans les fossés du donjon, au bord d'un trou creusé à la hâte dans le sol, la victime tombait, la poitrine percée par vingt balles.

Il n'y a pas de siècle où ce crime ne se renouvelle et où il ne se rencontre des hommes qui achètent l'or au prix de leur indépendance, de leur honneur, et même au prix du sang.

Les adorateurs de Mammon, ce sont ceux qui en toutes choses, même dans les plus sacrées, sont guidés par l'intérêt, qui voient dans toutes les entreprises seulement ce qu'elles rapportent, dans la mort de leurs proches un héritage à faire, dans le mariage de leurs enfants une dot à encaisser. Une des observations les plus communes de ce temps, c'est que le mariage y devient de plus en plus une affaire, et que les familles recherchent plus que jamais, non pas l'intelligence, les qualités morales, mais des écus. Philippe de Macédoine avait coutume de dire qu'il ne connaissait pas de place imprenable, pourvu qu'il pût y faire entrer un âne chargé d'or. Nous sommes à une époque où l'on rencontre peu de gens qui n'ouvrent bien larges leurs portes, quand il s'agit de mariage, au même message, serait-il porté par le même messager.

Les adorateurs de Mammon, ce sont ceux enfin qui, sous l'inspiration de la cupidité, limitent dans le mariage les progrès de la vie, organisent au foyer la triste dynastie des fils uniques et préparent ainsi à la race et à la patrie d'inévitables décadences. Pour cette œuvre de ruine, le sensualisme des épouses donne la main à l'ambition des époux : le sensualisme qui craint les enfantements douloureux et les éducations plus douloureuses encore ; le sensualisme qui a horreur du sacrifice, qui veut beaucoup de fortune pour avoir beaucoup de luxe et beaucoup de plaisir, et l'ambition qui fixe le nombre des enfants pour ne pas émietter le patrimoine, — et ces deux concupiscences se font complices d'un même forfait pour condamner à la tombe des générations qui n'auront jamais de berceau.

Tous ces adorateurs de Mammon, tous ces chercheurs de la fortune, tous ces conquérants de l'or, tous ces chevaliers du porte-monnaie marchent avec la même ardeur vers le même but. Ce n'est pas de l'ardeur seulement que je devrais dire, c'est de la fièvre, de la frénésie. L'or est leur divinité : ils lui chantent une hymne qui ne cesse jamais sur leurs lèvres; ils brûlent à ses pieds un encens toujours nouveau.

III

Les victimes de Mammon, ce sont d'abord les pauvres, les meurt-de-faim, les miséreux.

La société s'arrange pour qu'on les voie le moins possible et pour que le spectacle de la détresse populaire n'importune pas les jouisseurs. Elle a décrété que le vagabondage est un délit, et elle a placé partout, sur les grands chemins, à l'entrée des villes, cet écriteau protecteur : « LA MENDI-CITÉ EST INTERDITE. »

Elle a beau faire, on ne peut sortir sans entendre les sollicitations de la misère. Les pauvres nous heurtent à chaque pas et nous apprennent que la faim est une souffrance dont l'actualité ne s'est pas amoindrie.

Or le christianisme veillait sur les intérêts du pauvre : il procurait une répartition plus équitable de la richesse, il condamnait et empêchait les accaparements injustes. Alors qu'il régnait sur les peuples, on ne vit jamais s'élever cette féodalité financière qui pèse aujourd'hui sur les nations et qui est la cause principale des souffrances populaires.

Il faisait plus : par ses doctrines sur l'usage de la richesse et sur l'emploi du superflu, il rendait la misère comme impossible, et il bannissait de ce monde le mal de la faim.

A ses yeux, le riche n'était que le fonctionnaire de Dieu, seul vrai propriétaire de la fortune, et sa mission était de pourvoir à la subsistance des malheureux. Il devait user sagement de ses biens, éviter les prodigalités et les dépenses inconsidérées et donner ensuite le superflu aux pauvres.

Depuis que Mammon est tout-puissant, cette doctrine est bien oubliée ; elle est oubliée souvent des catholiques eux-mêmes, au point qu'ils la trouvent nouvelle, presque révolutionnaire, et que le prêtre, qui la leur rappelle, leur semble une sorte de socialiste en soutane. Et cependant ce fut toujours la doctrine de l'Église, et nous la trouvons dans tous les siècles sur les lèvres de ses docteurs et de ses pontifes.

L'accumulation de l'or, en proportions gigantesques, dans les mains de quelques-uns, c'est, pour les autres, l'aggravation de la misère et de la pauvreté. Et cette aggravation est d'autant plus redoutable, que l'enseignement catholique sur l'usage des richesses est davantage méconnu par les pontifes et par les adorateurs de Mammon. — Où va leur superflu ? Il va au luxe, et tel qui consacre de gros revenus à entretenir une écurie de courses, des parcs magnifiques pour ses chasses, qui a des appartements somptueux où l'or ruisselle, se croit quitte avec la société s'il donne chaque année quelques louis aux pauvres. — Le superflu va au plaisir. Il tombe dans l'abîme de la jouissance, et on se persuade que tout est dit quand on a pris part à un concert ou à un bal de charité et qu'on a valsé, polké, flirté au profit des meurt-de-faim. — Le superflu va à la Banque ou s'entasse dans les coffres-forts, le mot d'ordre de tous les disciples de Mammon étant : Enrichissons-nous! Sous la pression d'un amour désordonné de la fortune, le riche devient dur, égoïste, sans entrailles. Il sort de sa poche péniblement quelques gros sous, quand il est sollicité par la misère ; mais, s'il puise dans sa bourse, c'est du bout des doigts, non pas à pleines mains. Où sont les financiers, juifs ou judaïsants,

qui, remuant chaque année cent mille livres de
rente, en donnent dix mille aux misérables? Et
cependant, bien que je n'entende pas poser une
règle, je puis bien dire que ces largesses n'auraient rien d'excessif. Les conseiller, ce ne serait
pas revenir à ce que les Apôtres recommandaient
à leurs premiers disciples : la communauté des
biens. Ce serait à peine demander ce que l'ancienne loi demandait aux Hébreux : la dixième
partie de leurs revenus. Nous sommes loin, dans
la pratique contemporaine, de ce minimum exigé
jadis des Juifs, qu'on ne regarda pourtant jamais
comme les types du renoncement, et notre société
en est venue à ce point de dureté que leurs
exemples lui semblent dépasser les exigences du
devoir et confiner à l'héroïsme.

Les victimes de Mammon, ce sont les petites
gens, les travailleurs, les ouvrières, auxquels des
maîtres ou des patrons sans pitié imposent un
surmenage odieux, et donnent pour ce surmenage, qui doit briser le corps et la santé prématurément, un salaire de famine. Ce sont des cas
exceptionnels, je le sais, et, dans notre société,
le patron remplit ordinairement ses devoirs
d'homme, sinon ses devoirs de chrétien; mais
ces cas existent : il se rencontre des industries

où le but principal est de produire avec le moins
de frais possible, où l'on réduit, en conséquence,
le personnel et surtout le prix de revient du personnel, où l'on établit pour les travaux les plus
durs des salaires de misère, où de riches industriels affichent des mœurs et une âme de trai-
tants. Et il suffit que ces fanatiques de Mammon
existent pour qu'il soit permis au prêtre de le
dire et de les condamner.

O laboureur, creuse ton sillon; déchire avec ta
lourde charrue le sol dur et rocailleux; fais
entrer dans les flancs de la terre ton soc de fer.
Le soir, tu auras préparé par tes efforts la nourriture du genre humain, — et tu recevras trois
francs pour ton salaire !

Va et viens, petit employé, dans le vaste
magasin; reste debout devant l'étalage, malgré
tes jambes lasses, sous le soleil, sous le vent,
sous la pluie; multiplie-toi pour ensorceler le
client par tous les boniments qu'on t'a appris.
Le soir, tu auras fait affluer de l'or dans la caisse,
— et toi, tu auras tout juste de quoi ne pas
mourir de faim.

O ouvrier, descends dans la mine; travaille, la
sueur au front, la fatigue aux membres, pour
arracher au sol avare la houille ou le minerai;
traîne les fardeaux dans les couloirs étroits et

périlleux, sans air, sans lumière. Les actionnaires de ta Compagnie auront soixante pour cent, — et toi, tu recevras deux francs pour ta journée.

Dans ces conditions, l'ouvrier et sa famille ne sont pas protégés par leur travail contre la faim ; et comme toute créature humaine a droit à vivre de son labeur, il en résulte que les exploiteurs qui, sous les inspirations de Mammon et pour remplir plus vite leurs coffres-forts, abusent à ce point de leurs semblables, commettent un crime de lèse-humanité.

Les victimes de Mammon, ce sont les enfants, les femmes, qu'on voue au travail de l'homme parce qu'on les paye moins cher.

La loi française protège l'enfance contre les tentatives d'industriels sans conscience ; mais la cupidité échappe trop souvent à l'action des lois. Il n'est pas bien rare qu'elle arrive, avec la complicité de parents criminels, à embrigader de pauvres petits enfants, et à leur imposer, pour un gain dérisoire, un travail supérieur à leurs forces. Pauvres enfants, sans défense efficace contre l'oppression, odieusement exploités par des parents indignes et par des maîtres encore plus durs et plus dénaturés, privés de toute affection, de tous soins, de toute instruction, condamnés à n'avoir jamais, dans leur corps et dans leur âme, qu'un tempérament rachitique et affaibli !

Tout aussi coupables sont ceux qui, dans un but de lucre, ouvrent à la femme, à la misère de la fille des villes, à l'aveuglement de la paysanne, la ressource fatale d'un travail exterminateur et la promiscuité des manufactures. Les inconvénients moraux de ces pratiques sont grands : c'est l'impossibilité pour la femme d'être épouse et d'être mère comme elle le voudrait, la destruction de la famille, l'oubli des devoirs les plus saints. Les inconvénients matériels ne sont guère moindres : c'est le relâchement de tous les liens de la famille, l'abaissement du chiffre de la natalité, la ruine des santés, des maladies et des infirmités précoces, une population d'avortons, et non plus d'hommes robustes et vigoureux. Surtout depuis l'invention des machines à coudre, à filer, à broder, l'ouvrière succombe à la fatigue et à la peine, et ce travail disproportionné et barbare ne lui donne pas même le moyen de vivre. Sa journée est quelquefois de dix sous, et elle ne peut pas être de onze, parce que la machine fait le travail à dix sous; et si la femme en demandait onze, l'industriel lui préférerait la machine. Que devient alors l'ouvrière, ainsi opprimée par la dureté des serviteurs de Mammon? « Elle essaye de faire deux journées en une, en travaillant jusqu'à dix-huit heures par jour comme les brodeuses des Vosges[1]. » Ou bien, comme les couturières de Londres et d'ailleurs, elle reste à l'ouvrage pendant la nuit à l'époque des grandes commandes, mange en travaillant, se contente de quelques heures de sommeil pris dans un coin de l'atelier, sans se déshabiller, et à la fin, après quelques années de ce surmenage barbare, elle meurt de faim ou de phtisie, ou, lasse de souffrir, elle descend un soir dans la rue et va augmenter le nombre des tristes créatures qui demandent au vice un pain déshonoré.

La victime de Mammon, c'est la famille, que l'amour de l'or empêche de se constituer sur des bases solides, qu'il déprave ensuite et qu'il dissout. Ce qui doit enchaîner les cœurs dans la famille, c'est l'affection. Ce lien sacré, Mammon n'en a pas de souci; il le remplace par un autre : l'or. Le mariage, union des âmes tout autant que des corps, est soumis à des calculs matériels, auxquels les âmes sont étrangères. On examine

---

[1] Victor MODESTE, *du Paupérisme en France*, p. 98.

minutieusement les fortunes, on pèse les lingots,
on compte sur les doigts les successions futures.
Ce n'est plus une union, c'est un marché. Ce
n'est plus un mariage dans le sens élevé et chrétien, c'est une affaire. On n'épouse plus une
créature humaine, dont on connaît les qualités
et les défauts; on épouse un capital.

Après avoir vicié la famille dans sa source,
Mammon, nous l'avons dit, la limite dans son
accroissement. Il fixe le nombre des enfants pour
ne pas amoindrir l'héritage, et inspire à l'égoïsme
et à la sottise des parents le rêve de faire de
leur foyer le trône d'un fils unique.

Les victimes de Mammon, ce sont les petits,
les faibles, dont les financiers et les accapareurs
dévorent l'épargne et s'approprient la fortune.
Des richesses inouïes s'accumulent dans des mains
qui sont pleines, et qui, toutes pleines qu'elles
soient, se tendent pour prendre encore. Mais
d'où viennent ces millions? Trop souvent ils
viennent de l'épargne du travailleur, du paysan,
de l'ouvrier, que la circulaire financière amorce,
que la presse vénale dupe, que l'agioteur ran-
çonne et pille. Allez chez les Petites Sœurs des
Pauvres, dans nos asiles de vieillards, d'indigents : vous y trouverez bon nombre de ces

malheureux, que les entreprises de la haute Banque ont appauvris ou ruinés, et qui sont venus chercher un refuge sous les larges ailes de la charité catholique. La concupiscence de l'or produit ces injustices criantes. Elles sont même si fréquentes, qu'on y prend à peine garde. Le monde passe facilement l'éponge sur ces hontes, son avis étant que l'or n'a pas d'odeur. Quoi de plus odieux cependant et de plus révoltant que ce spectacle : des multitudes d'ambitieux se coudoyant dans les chemins qui mènent à la fortune, se poussant, se dépassant les uns les autres, visant la proie désirée, se la disputant avec une ardeur sauvage, se jetant comme des vautours avides sur ses entrailles pour s'en partager les lambeaux !

Et la proie, c'est le petit, le chétif, le faible, l'ouvrier, le travailleur.

La victime de Mammon, c'est la société, parce que la richesse païenne la désorganise en mettant en haut l'oppression et la tyrannie, en bas la haine, le malaise, la souffrance, partout un principe de décadence et de corruption.

Dans les sociétés livrées sans frein au règne de la cupidité, il y a une oppression fatale, contre laquelle ni les lois ni les révolutions ne garantiront jamais les faibles. La richesse sans amour, c'est l'égoïsme armé et puissant, et quand un grand égoïsme dispose d'une grande puissance, il s'en sert pour établir à son profit la tyrannie.

Laissez passer sans le museler le monstre grandissant de la cupidité; laissez faire les hommes qui portent l'or dans leurs mains sans porter dans leurs cœurs la charité : vous verrez l'humanité se diviser, comme jadis, en deux classes, les forts et les faibles, les oppresseurs et les opprimés, les hommes libres et les esclaves, l'extrême richesse et l'extrême indigence; vous verrez surgir des fortunes fabuleuses, fruit de la fraude, de la concussion, de l'agiotage, de l'exploitation, du vol sous toutes ses formes : elles serviront de point d'appui à un despotisme redoutable, qui pèsera de tout son poids sur des générations accablées.

Vous aurez rendu le peuple malheureux en lui préparant des oppressions cruelles; vous l'aurez rendu coupable, en faisant naître et en attisant dans son cœur des haines inextinguibles.

Méprisé, rebuté, exploité, il se retournera avec colère contre la richesse sans entrailles.

Ne constatez-vous pas déjà que, convaincu par

les spectacles qu'il voit et par les doctrines qu'il entend, que le bonheur est dans la fortune, il aspire, lui aussi, à la posséder? Et comme il n'y réussit point, qu'il n'y peut pas réussir, cette impuissance crée en lui des jalousies frémissantes. Il voit passer les heureux comme des triomphateurs sur leur char doré, il les contemple avec des yeux pleins de colère; leur félicité suscite dans son cœur broyé des haines fratricides.

C'est ce que nous voyons dans notre société livrée au culte de Mammon. Depuis que les petits estiment qu'être riche c'est être heureux, depuis qu'ils ne comptent plus sur ce patrimoine céleste dont on leur avait dit qu'ils seraient les héritiers, ils ont perdu toute patience et toute modération. Autrefois ils ne demandaient qu'une chose : que le soleil se levât et que Dieu leur conservât des forces. Aujourd'hui nous les entendons s'écrier, la haine au cœur, la menace aux lèvres : « A nous les richesses! » Le peuple s'est redressé sur sa glèbe avec une force égale à sa colère; il est sorti des souterrains obscurs de ses mines; il a déposé ses outils, et, la tête haute, les poings crispés, il regarde les riches en face, il les attend, il les provoque, il veut la bataille. Ses yeux respirent la haine; des flots de vengeance se sont amassés dans son cœur; le désir

de tout saccager, de tout niveler, de tout ensan-
glanter l'a saisi, il le pousse, il l'éperonne ardem-
ment. La richesse païenne a raison de trembler
dans le bien-être qui l'enveloppe; elle a raison
d'augmenter sa police, de consolider les serrures
de ses coffres-forts. Mais le jour des représailles,
quand bondiront à la curée tous les exploités,
tous les dépossédés, tous les ruinés, tous les
dépouillés par l'égoïsme, qui la protégera?

« Capet, demandait le cordonnier Simon au
fils de Louis XVI, si les Vendéens venaient te
délivrer, que ferais-tu de moi? » Et l'orphelin
répondit : « Je vous pardonnerais. »

Mais le peuple des meurt-de-faim pardon-
nera-t-il? Je le crains, il ne pardonnera pas. Il
n'épargnera pas la richesse tant qu'il la verra
debout; il en poursuivra l'écroulement et ne se
sentira apaisé que le jour où, sur les décombres
fumants et souillés, il pourra dire : « L'idole est
à terre! Mammon a été abattu! »

Si l'amour exagéré de l'or aggrave la division
des classes, s'il pousse les uns contre les autres
riches et pauvres, il établit en tous un principe de décadence et un germe de corruption.

Quand je parle de corruption, vous pensez
peut-être que je vais signaler les grands scan-

dales de notre temps, vous parler à loisir des banqueroutes fameuses, de l'influence du chèque, des catastrophes financières de toutes sortes? Non, je n'en dirai rien.

Il serait injuste de prétendre que notre temps a eu le monopole des grands scandales. Ils existèrent dans tous les siècles, et on n'a fait que reproduire aujourd'hui, en les élargissant, les exemples du passé. Avant le Panama, il y avait le Mississipi, et cent autres entreprises moins considérables, mais aussi véreuses. Fouquet, Mazarin, Law, ne le cèdent à aucun des brigands de haut vol de notre génération.

La nouveauté de notre siècle, c'est que, tandis qu'il n'y a eu qu'un Fouquet, qu'un Mazarin, qu'un Law, il a vu surgir de ces aventuriers malfaisants par centaines, et qu'il les a graciés, quand il ne les a pas poussés aux honneurs. Il demeure convenu que tout Français qui prend un porte-monnaie dans la poche de son voisin est un filou; la société s'en empare violemment; elle l'enferme derrière des murailles bien gardées; elle lui inflige des peines sévères; mais tout exploiteur chamarré de décorations qui appelle à lui, pour des entreprises équivoques, des millions dont il ne rendra jamais compte, est tenu pour inviolable. Ses brigandages ne lui barrent pas toujours le chemin des honneurs, et ses méfaits ne sont pas une raison pour que la popularité lui boude longtemps, tant sont jugées avec indulgence la soif de l'or mal acquis et la corruption qu'elle engendre.

Cette corruption devient le principe d'une décadence indiscutable dans tous les rangs de la société. De là, dans les sphères supérieures, ce goût de l'agiotage et du jeu : jeux de bourse, jeux de course, jeux de toutes sortes, où les économistes voient avec raison un agent puissant de décomposition sociale. De là, ce luxe babylonien qui pousse jusqu'au sybaritisme le plus raffiné les élégances et les recherches du vêtement, de la table, de l'habitation. De là, cet égoïsme homicide qui ravale le mariage chrétien à n'être plus qu'un commerce illicite et meurtrier, plus redoutable pour les intérêts du pays que les guerres et les famines. De là, cette basse vénalité qui prend pied et qui s'installe partout : dans la politique, dans l'administration, dans les lettres, dans la justice, dans les relations mondaines elles-mêmes, dont on a vu que certains exploiteurs renommés savaient faire un moyen de rapport.

Économistes, sociologues, moralistes, chrétiens

et libres penseurs, tous sont d'accord que tous ces maux n'ont qu'une cause : l'amour du bien-être, la griserie de l'ambition, la frénésie de la jouissance, l'admiration de Mammon, le culte du Veau d'or.

Où sera le remède à ces maux?

Le peuple dit : « Dans la révolution sociale. » — Non. La révolution sociale déplacerait les appétits; elle ne les supprimerait pas. Ceux qui sont en bas monteraient en haut, et le monde n'aurait fait que changer de tyrans.

Les politiques disent : « Le remède sera dans les lois. » — Non. Les lois sont votées par des hommes, appliquées par des hommes, et les hommes qui voteraient et qui appliqueraient ces lois sont pris souvent par le mal qu'il s'agit de guérir. La loi est ordinairement l'expression des mœurs; elle en est rarement le correctif, l'antidote efficace.

Le mal vient de ce qu'on a supprimé tous les freins qui contenaient les passions, de ce qu'on a abaissé vers des horizons matériels le regard des foules, de ce qu'on a désappris l'Évangile.

Le remède sera de réapprendre l'Évangile.

On y retrouvera le vrai sens de la vie; on y verra qu'elle est une épreuve et un devoir, non pas un banquet et une kermesse, et que par conséquent le vrai bien, ce n'est pas l'or qui donne le plaisir, mais la vertu qui achète l'éternité.

On s'y instruira de la vraie nature de la richesse, de la vraie nature de la pauvreté.

Les riches y verront qu'ils ne doivent pas acquérir la fortune par l'injustice, ni la posséder avec orgueil, ni s'en servir avec égoïsme; que Dieu seul, à proprement parler, est propriétaire de toutes choses, et que les fortunés ne doivent être que des fonctionnaires chargés d'administrer une part des biens donnés à tous. Providence des pauvres, ils ne seront jamais une Providence aveugle et insensible; pères des malheureux, ils ne seront jamais des pères sans entrailles.

Les pauvres liront dans cet Évangile, qui les faisait jadis heureux et résignés, que la pauvreté n'est pas le fruit d'un hasard cruel, un numéro malheureux inconsciemment tiré par nous à cette loterie aveugle qu'on appelle la destinée, mais un bienfait divin, un présent d'amour, que les mains du Christ ont touché et sanctifié avant de nous l'offrir, une éminente dignité, un principe de gloire et comme la monnaie sacrée avec laquelle on achète une impérissable félicité. Ils comprendront de nouveau qu'on doit se consoler de la misère du présent, puisqu'elle est fugitive et féconde; — qu'on doit porter avec courage, avec allégresse même, les fardeaux quelquefois si accablants de cette vie, puisque chaque soir un maître équitable et bon inscrit la valeur inestimable de ces lourdes journées; — qu'il n'est pas juste de dire, selon ce que le monde prétend, que les pauvres sont des déshérités : ne sont-ils pas les fils de Dieu comme le riche, et n'ont-ils pas les mêmes droits que lui à l'héritage de leur père? Ils se convaincront enfin, comme doivent en être convaincus des catholiques, que Dieu n'a pas plus d'égards pour le grand que pour le petit; — que, dans sa justice impartiale, il ne prise pas plus le sceptre que la charrue; — que le mineur, le forgeron, le laboureur auront les mêmes récompenses et peut-être de plus grandes que les souverains; — qu'un seul acte de vertu, accompli par un obscur travailleur, soulèvera comme une paille légère, dans les plateaux de l'éternelle balance, les hauts faits humains des législateurs et des conquérants.

Dans les heures lourdes, quand on sera triste

dans la chaumière, quand la maladie ou le chômage y auront établi la gêne, quand les enfants,
mal vêtus, mal nourris, pleureront, les miséreux
se souviendront de ces doctrines qui leur parlent
de résignation, non point de haine; ils se consoleront avec ces espérances.

Elles resteront en eux, dans les jours où ils
n'en pourront plus de la vie, comme un point
d'appui nécessaire, un gage certain des compensations attendues, une ration de courage pour
poursuivre jusqu'au bout une route difficile.

Quand Annibal gravissait les Alpes, malgré les
neiges et les glaces et à travers des obstacles de
toutes sortes, ses soldats lassés s'arrêtaient parfois, hésitant à le suivre. « Vous escaladez les
remparts de Rome, leur criait le héros. Derrière
ces rochers vous attendent des plaines enchantées, qui seront à vous, et une gloire immortelle. » L'existence présente, c'est l'assaut d'une
place escarpée qui nous cache les trésors de
demain. L'Évangile réappris enseignera au peuple
que, derrière ces pentes abruptes, il y aura des
richesses plus que royales pour ses fils et ses
filles; — qu'ils seront les hôtes de palais incomparables; — qu'ils auront pour toujours du repos
et l'abondance de tous les biens; — que ce qui
importe par conséquent, ici-bas, c'est d'atteindre

le but final; — que, pour les possesseurs de l'or eux-mêmes, s'ils le manquaient, la vie ne serait qu'une spéculation malheureuse et une irréparable faillite; — que tous, riches et pauvres, faibles et puissants, ouvriers et patrons, nous sommes des êtres immortels, fils d'un même Dieu; rachetés par le même Rédempteur, en marche par des routes différentes, mais toujours douloureuses, vers la justice parfaite et le bonheur infini.

RICHES ET PAUVRES

RICHES ET PAUVRES

A quoi servirait de refaire ici le tableau que d'autres, écrivains, tribuns, économistes, ont si souvent dépeint, de la situation sociale, et de vous montrer les deux grandes armées qui sont en présence, prêtes à livrer bataille : les riches et les pauvres, ceux qui possèdent et ceux qui n'ont rien, les satisfaits et les irrités?

Les tableaux sont inutiles à qui contemple la réalité; et tous, à moins de fermer les yeux, nous voyons cette réalité redoutable : deux camps, celui des riches, et dans ce camp la fortune, la jouissance, le plaisir, le confort, le repos, une persuasion vague, sauf aux heures sinistres où la révolution devient plus menaçante et donne à la masure sociale de plus violents coups d'épaule, que le monde est ordonné pour le mieux et qu'il marchera longtemps ainsi; — puis le camp des

malheureux, le camp des corvéables et des prolétaires, et dans celui-ci la souffrance toujours,
quelquefois la faim, la colère, l'exaspération, la
conviction que la société est fondée sur l'injustice
et qu'il faut la changer, le désir de tout saccager, de tout niveler, de faire table rase de toutes
les institutions, de renverser de fond en comble
l'édifice qui abrite les peuples civilisés et de le
refaire sur d'autres bases.

En présence de cet état social, que doivent faire
les catholiques? Pouvons-nous nous contenter de
se tourner vers celui qui a faim, de lui prendre
les mains dans une chaude étreinte et de lui dire
avec infiniment de douceur : « Tu as donc le
ventre creux? J'en suis désolé; mais que veux-tu
que j'y fasse? Allons, mon ami, de la patience,
de la résignation. Après tout, cela ne durera pas
toujours; tu marches à la conquête du paradis. »
Le miséreux aurait raison de répondre : « Vous
me faites entendre de belles paroles; mais ces
paroles n'apaisent pas ma faim. J'ai faim, j'ai
cruellement faim. Voulez-vous que je me résigne
à périr comme un chien, dans un fossé? Non,
non! Malheur à la société, malheur à vous, si
je n'ai pas de pain! »

Que les catholiques se précipitent, l'olivier de
la paix à la main, des conseils de charité sur les

lèvres, au milieu des adversaires prêts à se livrer bataille, c'est bien, c'est très bien ; mais ce n'est pas assez. Ils ne rendront la réconciliation possible qu'en ajoutant des actes aux paroles. Les périodes bien ordonnées et les phrases sonores n'ont jamais nourri personne. Autrement, l'ouvrier ne se serait jamais mieux porté qu'aujourd'hui : il n'y a pas d'époque où on lui ait servi, à tous ses repas, autant de beaux discours et de retentissantes promesses. Votre charité ne sera efficace, dans les conflits de l'heure présente, que si elle se manifeste par des faits. C'est mon devoir de l'y porter, et vous attendez que je le fasse.

Pour cela, je vous montrerai, au sein de cette société si fière de sa richesse et de son bien-être, la réalité indiscutable, la réalité hideuse et toujours vivante de la pauvreté ; nous verrons ensuite l'attitude qu'on a trop communément, et celle, toute différente, que doivent prendre les catholiques, en face des détresses et des indigences populaires.

I

Il y aura bientôt deux mille ans que cette parole : « Vous aimerez votre prochain comme vous-mêmes, » et quelques autres semblables ont été prononcées. Elles avaient pour but de mettre des limites à l'égoïsme humain et de rappeler aux créatures d'un même Dieu les lois longtemps méconnues de la fraternité.

Il y a cent ans passés qu'on a proclamé, dans notre pays, les droits de l'homme et le principe d'égalité. Toutes les tribunes ont retenti de ces proclamations sonores, les échos de toute la terre les ont répétées.

Eh bien, après ces revendications retentissantes, après ces espérances enchanteresses, qui ont charmé nos pères et qu'ils nous ont léguées, à l'aurore du XXe siècle, où en sommes-nous?

Dans cette société où la science, l'industrie ont fait des progrès inouïs, où l'on écrit sur toutes les murailles le mot de fraternité, où le peuple, après avoir abattu toutes les tyrannies, est enfin libre, où il est roi, il y a une foule de

gens qui n'ont pas de quoi manger. Quoi qu'on
dise, si doré que soit le manteau dont on
recouvre la misère contemporaine, le peuple n'a
pas cessé d'être ce que les Juifs firent du Christ
au prétoire avant de lui donner la mort : un roi
de comédie !

Est-ce bien croyable ? Est-il croyable qu'aujourd'hui, autour de nous, au milieu de cet
effroyable bien-être qui caractérise notre civilisation, des milliers de créatures humaines, à la
lettre, meurent de faim ?

Je le sais, la société s'arrange pour voir le
moins possible et pour ne pas montrer la détresse
populaire. Elle la tient à l'écart comme elle tient
à l'écart l'image de la mort, les sépultures, tout
ce qui peut attrister ses fêtes et gêner la tranquille
jouissance de ses plaisirs. Autrefois le cimetière
entourait presque toujours l'église ; il en était
une dépendance ; c'était comme l'ossuaire sacré
où l'on gardait pieusement les restes des saints.
Chaque dimanche, en sortant du temple où ils
avaient rendu leurs devoirs à Dieu, les chrétiens
allaient s'agenouiller sur la tombe de leurs
ancêtres. Aujourd'hui, sous prétexte d'hygiène,
on l'éloigne des habitations et il semble qu'il ne
soit plus qu'un charnier méprisé, un foyer dan-
gereux de contagion. De même on a éloigné la

pauvreté : on a décrété que le vagabondage est un délit, et on a placé partout, sur les grands chemins, à l'entrée des villes, cet écriteau protecteur : « La mendicité est interdite. » Si l'indigence se montre trop à découvert, sous le regard vigilant de la police, on l'enferme sous les verrous; si les malheureux s'assemblent sous les fenêtres des riches banquiers pour protester contre les fortunes immodérées ou mal acquises, on les fait rentrer sous terre à coups de canne plombée. Mais notre société païenne ou judaïsante a beau faire : on ne peut sortir dans la rue sans avoir la misère à ses trousses et sans en entendre les sollicitations; les pauvres nous heurtent à chaque pas et nous apprennent que la faim est une souffrance encore très redoutée et très connue.

Quel est le prêtre qui n'a pas jeté la sonde dans ce puits de la souffrance populaire? Quel est celui qui, le soir venu, se rendant compte de sa journée, à genoux devant son crucifix, ne s'est pas affligé d'avoir rencontré tant de détresses et d'en avoir soulagé relativement si peu? Vous aussi, catholiques, qui aimez le pauvre, qui le visitez dans sa froide demeure, qui donnez votre dévouement, votre affection aux malheureux qui n'en reçoivent jamais, vous avez mesuré la pro-

fondeur et l'étendue de ces misères; les gémissements que vous avez entendus, les spectacles que
vous avez contemplés ne vous permettent pas de
discuter la réalité de la pauvreté et les mille
formes hideuses dont elle se revêt. Il y a le vieillard qui, après avoir échappé toute sa vie à l'indigence par le travail, la trouve à sa dernière
étape. Il y a la jeune femme abandonnée, qui
ne peut offrir à son nouveau-né qu'un sein tari,
parce qu'elle n'a pas de pain. Il y a la jeune
fille qui se débat dans les étreintes de la misère
et qui lutte afin de ne pas livrer son honneur
pour un morceau de pain. Il y a l'ouvrier
malade, perclus, infirme, que l'usine a congédié
et que la rue seule a recueilli. Il y a l'enfant,
orphelin ou délaissé par des parents indignes,
qui court après les passants, les pieds et la tête
nus, chétif, souffreteux, grelottant sous ses haillons.

Et ces malheureux n'existent pas à l'état
d'exception. N'y en aurait-il qu'un ou deux dans
chaque ville, qu'on devrait encore, en ce temps
fait de luxe, de mollesse, de bien-être, en être
surpris et les regarder avec curiosité; mais c'est
une multitude, une immense armée.

Il est vrai, vous ne les voyez pas ou vous les
voyez rarement sur les boulevards, dans les jar-

dins publics, sur le seuil des théâtres et des opéras, partout où se porte la foule rieuse des heureux. Comment y paraîtraient-ils avec leurs haillons? Mais si vous suiviez, le soir, au déclin du jour, les rues tortueuses et étroites; si vous pénétriez dans les quartiers où les miséreux se réfugient, si vous vous arrêtiez au seuil des habitations malsaines où ils s'entassent, ou même si vous entriez à l'asile de nuit à l'heure où ils vont y chercher une protection contre le froid et la police, vous seriez surpris et effrayés de leur grand nombre.

Comptez ceux qui préfèrent la mort à une telle vie. Qu'avons-nous besoin de rhétorique et de longues descriptions? Cette preuve est décisive. En notre pays seulement, il y a chaque année des pauvres qui meurent de faim, et il y en a, par milliers, qui se tuent pour se dérober à la misère. Entrés dans la société comme dans une salle de festin, ils entendent les convives rire et chanter autour d'une table pleine; ne pouvant ni s'y asseoir ni la renverser, ils partent brusquement, échappant par la mort aux affres de la faim.

II

C'est vrai, dit-on, le paupérisme est une plaie sociale indiscutable; l'armée des pauvres est immense; mais ils sont si peu intéressants, malheureux sans doute, mais malheureux par leur faute, sans honnêteté, sans moralité. A quoi bon s'occuper d'eux? Ils n'en valent pas la peine!

C'est ce que répètent beaucoup d'honnêtes gens, et peut-être les meilleurs d'entre vous l'ont-ils dit à certaines heures où ils constataient que la fausse pauvreté les avait odieusement dupés, qu'elle avait abusé de leur confiance et de leur dévouement, peut-être qu'elle avait retourné contre eux-mêmes leurs propres bienfaits.

Que tous les pauvres soient des êtres irréprochables, d'une droiture parfaite, d'une sincérité absolue, d'une moralité sans tache, d'une reconnaissance profonde, d'une économie prévoyante, la charité même la plus indulgente ne saurait le prétendre. Mais est-ce une raison de nous désintéresser d'eux? Où est la créature humaine que

nous aimerions et servirions en ce monde, si
nous la voulions sans défaut? Il n'y a pas une
classe, même celle qu'on appelle dirigeante, qui
fasse régner parmi ses membres une perfection
sans ombre; et, pour vous dire ma pensée franchement, il me semble qu'entre nous, les honnêtes gens, et les malheureux, au point de vue
moral, c'est une simple question de nuances. Il
est vrai, dans la maison roulante, la mansarde
ou l'atelier, la conversation n'est pas toujours
d'une grande correction; parfois elle est tout à
fait honteuse. Ne l'est-elle jamais dans vos réunions de jeunes gens, vos cercles, à la suite de
vos bals ou de vos dîners de fêtes? Tel journal
mondain, qu'on voit aux mains de lecteurs bien
pensants, a parfois des articles qui égalent en
perversité les conversations les moins saines. —
Le bas peuple a des vices, c'est incontestable :
il n'aime pas toujours assez le travail, il aime
souvent beaucoup trop l'alcool; mais il serait
injuste de dire que la paresse est le lot exclusif
des classes inférieures, ou bien qu'il est rare de
trouver un homme du monde dont la principale
occupation est de s'amuser, de courir à la
recherche de plaisirs plus raffinés que ceux de
l'ouvrier, sans être plus nobles. — Le pauvre
est imprévoyant; quand il est jeune et robuste,

qu'il n'a pas à souffrir du chômage ou de la maladie, il ne sait pas toujours prendre sur son salaire de quoi assurer l'avenir contre l'indigence. Est-il plus coupable que le joueur qui risque en une soirée des liasses de billets de banque, que le jeune étourdi qui souscrit des créances aux usuriers juifs, ou que la mondaine qui étale avec ostentation d'inutiles et somptueux chiffons?

Et que d'excuses légitimes, que de circonstances atténuantes ne peut-il pas invoquer devant Dieu et devant vous? La contagion du milieu, où rien n'élève, ne moralise, où tout pousse au mal; l'absence d'éducation, puisqu'il a grandi au hasard, comme l'herbe au bord des sentiers; les séductions de l'exemple, qui lui a enseigné, depuis la plus tendre enfance, tous les genres de perversité. Toutes les protections qui vous défendent contre le vice : le foyer, l'école, l'amitié, deviennent pour lui de nouvelles initiations au mal.

Mais je vous fais une concession : supposons que les pauvres soient indignes. Cette indignité me semblerait une raison nouvelle de les secourir et de les aimer. Quand il s'agit d'êtres souffrants et délaissés, cette parole amère : « Ils n'en valent pas la peine, » ne doit monter aux lèvres des chrétiens que comme une tentation promptement refoulée. Elle n'a jamais enchaîné la charité dans le cœur des saints; jamais elle n'est tombée de la bouche du Sauveur, pas même en face des pharisiens, au jardin de Gethsémani, sur le Calvaire et dans les angoisses de la croix. Madeleine, la femme perdue, a valu la peine d'être purifiée par Jésus; les Apôtres, grossiers, ingrats, égoïstes, ont valu la peine d'être instruits et aimés par lui; le larron homicide a valu la peine d'être converti sur son gibet; vous et moi, dont les âmes apparaissaient devant le Christ comme des misérables en haillons, nous, pécheurs que nous sommes, mendiants de la charité divine, nous avons valu la peine d'être lavés dans le sang divin. Oui, mon frère pauvre, plus tu m'apparais misérable, plus je vois à travers tes guenilles ton âme vile et dépravée, et plus je me prends à t'aimer. Tu vaux bien la peine d'être assisté par moi, puisque j'ai valu la peine d'être assisté par Dieu!

D'ailleurs, s'il y a parmi les pauvres, plus encore que dans les autres classes, des êtres abaissés, traînant partout, sous des sens dépravés, une âme hideuse et avilie, il y a des consciences admirables de droiture, de dévouement, de patience, d'abnégation. Le monde les ignore, celles-là, et il les enveloppe dans le mépris commun dont il a coutume d'entourer ceux qui sont à la fois malheureux et misérables. Il faut les avoir vus de près pour y croire. Il y a de pauvres mères qui se privent du nécessaire, qui travaillent jour et nuit, qui brisent en peu de temps une vigoureuse santé, pour procurer à leurs enfants la nourriture suffisante et des vêtements convenables. Il y a des jeunes ouvrières qui font des prodiges d'économie et qui acceptent d'héroïques souffrances, pour n'être pas obligées de gagner honteusement le pain de chaque jour. Il y a des ouvriers qui renoncent à tout plaisir, vivent dans une gêne étroite, travaillent durement, pour faire subsister, avec un maigre salaire, leur famille et leurs vieux parents. Oui, parmi ces malheureux, il peut y avoir, il y a quelquefois des âmes vertueuses, des âmes nobles, même des âmes saintes, des Benoît-Joseph Labre. Celui-ci aussi, on le méprisa; plus d'une fois sans doute, en voyant ce mendiant se traîner à la porte de leur palais, avec ses hardes et sa vermine, les familles patriciennes de Rome durent dire : « Oh ! quel être abject ! » Cet être abject était Benoît Labre, mendiant admirable et presque divin. L'Église a relevé ce mendiant méprisé; elle a pris dans ses bras ce loqueteux repoussé de tous; elle a ennobli par ce contact les hardes et l'abjection de son pauvre; elle a dressé ce pauvre sur les autels, dans la lumière et l'encens, et au monde, aux fortunés, à ceux qui jouissent, à ceux qui vivent dans le velours et la soie elle a crié : « O bienheureux, à genoux, à genoux devant la pauvreté vertueuse et résignée ! A genoux devant la sainteté en haillons ! »

Passant, quand tu vois à la porte de ta maison ou sur le pavé des rues un pauvre montrant à travers ses loques un corps languissant et flétri, garde-toi de le mépriser. Il peut y avoir dans cette boue l'âme d'un héros ou l'âme d'un saint; elle te protégera un jour, si tu lui es secourable; si tu la dédaignes, elle s'élèvera contre toi au jugement de Dieu.

Nous comprenons, ajoute-t-on, qu'on ne doit pas s'enfermer dans l'abstention en face des malheureux, sous prétexte qu'ils ne sont pas intéressants; mais ne sommes-nous pas dispensés de les secourir par la raison qu'ils sont paresseux?... Qu'ils travaillent !

Cette parole, vous la connaissez tous : il n'y a pas beaucoup d'honnêtes rentiers qui ne l'aient dite dans leur coupé, quand les mendiants couraient après eux, ni de dévotes ferventes qui ne l'aient quelquefois répétée avec un geste d'impatience en entrant dans l'église, quand, sur le seuil, les loqueteux leur tendaient la main.

Tout le monde connaît donc cette réponse : elle enseigne le remède facile, que des conseillers intéressés, qui ont les pieds chauds et un déjeuner assuré pour le lendemain, vantent chaque jour aux malheureux. « Le travail est mon dieu, » disait jadis ce dur bourgeois qu'on appelait M. de Voltaire.

Mais remarquez que le travail est toujours pour l'ouvrier, même le plus vaillant, même le plus honnête, une ressource aléatoire : tout homme qui gagne son pain est perpétuellement à la merci d'un manque d'ouvrage ou d'un manque de santé.

La richesse publique subit à notre époque une crise que personne ne peut nier, et qui fait peser sur les classes déshéritées la menace perpétuelle du chômage. Un fait existe, fait douloureux et indéniable, on peut aisément en faire la triste constatation : c'est que des ouvriers de bonne volonté, désireux de gagner honnêtement leur pain à la sueur de leur front, manquent de travail, ou tout au moins d'un travail rémunérateur. Autrefois on se plaignait de chômer trop de fêtes de l'Église, et le Fabuliste accusait spirituellement le curé de charger toujours son prône d'un nouveau saint. De fait, c'était une libéralité de l'Église aux gens de labeur. Les chômages modernes sont autrement redoutables pour eux que ces fêtes religieuses. Qui n'en a vu et plaint les victimes : cet employé, cet ouvrier, ce jeune père de famille, errant de chantier en chantier, de magasin en magasin, d'atelier en atelier, et désespéré d'être éconduit de partout? S'il rencontre un maître qui consente à le recevoir, c'est quelquefois en échange d'un salaire de famine. Et cependant sa femme souffre, sa vieille mère a faim, ses enfants n'ont ni pain ni habits. A bout d'expédients, il devient vagabond. La loi civile le guette et le punit. Est-il coupable? Non; il est doublement malheureux, et il a deux fois droit à votre pitié.

Pour d'autres, c'est le manque de santé qui entraîne la privation de travail, et, par conséquent, la misère. Ne les avez-vous pas vus, au coin de vos places publiques, sur le bord des chemins ou dans leurs tristes réduits, ces malheureux, les yeux éteints, ou les jambes percluses, ou les bras mutilés? Ils souffrent dans leur corps en proie aux infirmités; ils sont torturés par de cruelles et incurables maladies, réduits à l'inaction, et par là même condamnés à la faim. La mendicité les pousse l'épée dans les reins; elle ne leur laisse ni trêve ni relâche. Elle est plus forte que toutes leurs objections. Comment demanderaient-ils l'aumône? N'ont-ils pas travaillé toute une longue vie? Oui; mais le travail est maintenant impossible; la misère est là, il faut tendre la main ou mourir. Ils ont honte pourtant : comment se résigner à s'accroupir le long du chemin, sur le seuil des églises, et à solliciter les passants, ces passants souvent indifférents, quelquefois durs et dédaigneux? C'est une humiliation sans nom. Ils sont pourtant contraints de la subir et de dire à ces dédaigneux et à ces indifférents : « J'ai faim ! »

Enfin, il y a une dernière raison que plusieurs invoquent pour se dispenser de secourir les pauvres; elle est familière aux économistes, et je la trouve aussi sur les lèvres de la libre pensée. Que voulez-vous que nous fassions? disent-ils; votre Évangile professe la perpétuité de la misère par ces paroles : « Vous aurez toujours des pauvres parmi vous. » Nous ne pouvons donc pas la supprimer.

Ne pourriez-vous pas la supprimer, âmes généreuses, que vous pourriez au moins l'adoucir. Mais la doctrine cruelle que vous prêtez à l'Évangile ne lui appartient pas; il n'a pas fait ces prophéties sinistres.

Voilà des siècles que les apologistes catholiques protestent contre cette interprétation, et ils ne sont pas encore arrivés à faire entrer la vérité dans la tête de plomb de la libre pensée. Qu'elle soit de sa nature ignorante, c'est ce qu'admet tout homme impartial; mais qu'elle s'arroge le droit de pousser cette ignorance jusqu'à ne pas savoir éviter dans une version latine des contre-sens que ne se permettrait pas un médiocre écolier de quatrième, c'est ce qu'on ne saurait tolérer.

Si j'étais professeur dans un collège et qu'un élève m'apportât une version latine dans laquelle il aurait traduit ces mots : *Pauperes semper habetis*, par ceux-ci : « Vous aurez toujours des pauvres, » je l'arrêterais et je lui dirais : « Vous commettez ce que, dans le langage universitaire, on appelle un solécisme; vous mettez le futur là où le texte donne le présent. Vous devez traduire : Vous avez, et non point : Vous aurez toujours des pauvres parmi vous. »

Quand Jésus-Christ dit cette parole, il était à table chez Simon le pharisien. Une femme, Marie-Madeleine, vint à lui : elle éprouvait le besoin d'une réparation à cause des fautes qui faisaient le désespoir et le déshonneur de sa vie. Avant d'abandonner son luxe sensuel pour se livrer à la pauvreté, elle vint répandre sur la tête de Celui dont elle attendait le salut un vase plein de parfums, symbole de sa jeunesse et de sa beauté profanées.

Les disciples, qui ne comprenaient pas ces pieux motifs du cœur, s'indignèrent de cette prodigalité. « Il eût mieux valu, dirent-ils, vendre ces parfums et en donner l'argent aux pauvres. — Vous avez toujours des pauvres parmi vous, reprit Jésus ; mais moi, vous ne m'avez pas toujours. » En d'autres termes : « Que vous soyez à Nazareth, à Jérusalem ou ailleurs, il vous est toujours facile de faire l'aumône, tandis que vous n'avez pas toujours l'occasion de me faire du bien. »

C'est une constatation, ce n'est pas une prophétie, et Jésus-Christ ne présage pas la perpétuité de la misère[1].

Qui que vous soyez, catholiques ou incroyants, je vous adjure de ne pas vous laisser arrêter par ces objections de l'égoïsme ou de l'intérêt ! Si vous n'avez pas la foi, vous portez cependant dans vos entrailles la nature humaine. Eh bien, ces pauvres, cette chair languissante, ce visage flétri, ce corps

---

[1] V. *Divinité de l'Église, l'Église et la Charité*, conférences apologétiques, un vol. in-12, librairie Lethielleux.

déprimé, cette âme amoindrie, c'est de l'humanité aussi. Elle a la même nature que vous. O bienheureux, suspendez donc un moment vos concerts, faites trêve à vos distractions; arrêtez-vous dans l'éblouissante lumière de vos fêtes : à votre porte, vos frères meurent de faim!

Mais c'est vous surtout, catholiques, que j'invoque en faveur de la misère. Vous avez été établis pour être le dernier refuge de tout ce qui souffre en ce monde. Dans tous les temps vous êtes apparus aux hommes comme les représentants officiels de la bonté divine auprès des pauvres et des malheureux. Au nom de Dieu, au nom de votre foi, en face de l'irréligion contemporaine qui a les yeux sur vous, n'abdiquez pas ces traditions glorieuses. A l'exemple de vos pères, soyez les ennemis nés de toutes les servitudes et travaillez à la suppression de la mendicité comme à l'abolition de tout autre esclavage, *vinctos in mendicitate*. Devant Dieu et devant les hommes, rien ne vous justifierait de vous désintéresser des pauvres et de ne pas laisser, en présence de toute créature humaine qui souffre et qui a faim, s'attendrir votre cœur et s'ouvrir votre main.

III

L'abstention en face de la misère est donc une chose répréhensible, antichrétienne, inhumaine.

Rien ne peut l'excuser.

Mais ce n'est pas la seule attitude condamnable qu'on puisse avoir à l'égard du pauvre. S'occuper de lui, c'est bien ; il y a toutefois des manières de le faire qui ne valent pas mieux que l'égoïste et coupable abstention.

Les uns s'occupent du pauvre pour l'exploiter. Ils se servent de la misère comme d'une réclame pour faire la recette des honneurs ou de la popularité. Tranquillement assis dans son appartement, entre un déjeuner irréprochable et un dîner succulent, un monsieur prend en main la cause des déshérités. Il met sous un verre grossissant toutes leurs souffrances, et les leur montre ainsi exagérées dans des articles attendris que publie le lendemain le journal à un sou. Bientôt le peuple fomente des grèves, organise des clubs; il appelle à son secours l'éloquence de ce défenseur des opprimés. Le Vincent de Paul des classes ouvrières arrive, on l'acclame; après un banquet démocratique où le champagne coule à flots, il parle de la souffrance du prolétaire qui boit de l'eau claire et meurt de faim, on l'applaudit; il fait entendre des revendications énergiques, on frémit d'indignation. Moyennant cela, à la première occasion, on lui fait obtenir une place sur les bancs commodément rembourrés du Sénat ou de la Chambre, et il va paisiblement s'asseoir dans ces somptueux palais où il pourra, sans être exposé à aucun courant d'air, gémir quelquefois sur la misère de ceux qui ont pour couche les bancs des jardins publics et le ciel pour abri [1].

D'autres s'occupent des pauvres par politique et par prudence. Capitalistes juifs ou capitalistes judaïsants, ils ont amassé des fortunes colossales, et leurs coups de bourse, leurs exactions, leurs accaparements ont fait sans doute bien des malheureux. Ces malheureux sont si nombreux, ils les sentent si irrités qu'ils en ont peur, et ils cherchent

[1] V. *Divinité de l'Église*, conférences apologétiques (*Catholicité de l'Église*), un vol. in-12, librairie Lethielleux.

à les apaiser en leur rendant, sous forme d'aumônes, une faible part de l'argent qu'ils leur
ont pris. Enfermés dans leurs superbes hôtels,
entourés de leurs coffres-forts à double et triple serrure, gardés par une police vigilante, ils se sentent
mal protégés encore contre les fureurs populaires.
Ils jettent au peuple des écus, comme les empereurs romains, au temps de la décadence, lui
jetaient du pain et des spectacles, pour l'adoucir
et pour l'amuser.

Enfin il y a, et ceux-là sont nombreux même
parmi les catholiques, les gentlemen de la charité,
ceux qui font l'aumône, mais par convenance de
position, pour soutenir leur rang, pour ne pas
rompre avec des traditions honorables. Ils remplissent ce devoir avec des hauteurs de dédain,
une dureté de langage, une froideur altière et
orgueilleuse, qui font cruellement sentir aux malheureux les amertumes et le néant de leur condition. La morgue des vieux salons était célèbre
jadis; nous nous en amusons quelquefois aujour-
d'hui; cependant nous n'en sommes pas encore
entièrement exempts : il y a des dames patron-
nesses qui confectionnent volontiers des vêtements
pour les pauvres, à condition qu'elles ne les

remettront point personnellement ; il y a des
ouvroirs, des maisons religieuses qui ne se
commettent point avec les pauvres non pourvus
d'honorables recommandations et de certificats
autorisés. Et combien d'honnêtes gens qui ne
laisseront jamais un indigent passer le seuil de
leur maison, qui éviteront de lui adresser la
parole, de lui remettre de leurs propres mains
l'aumône ordinaire ! Alors que la vraie charité,
pour se faire accepter des membres souffrants de
Jésus-Christ, voudrait ne leur parler que d'en
bas et ne les servir qu'à genoux, alors que, pour
honorer les mendiants rencontrés dans la rue,
elle se découvre en leur donnant son obole, cette
charité mondaine est surtout appliquée à garder
son rang et à observer les distances. Cette cha-
rité-là peut bien contenter certaines conceptions
aristocratiques de la bienfaisance ; elle ne sera
jamais capable de satisfaire au précepte qui nous
commande d'aimer les pauvres comme des frères,
et elle restera toujours insuffisante au regard des
hommes et suspecte au regard de Dieu.

IV

Qu'est-ce que Dieu vous demande donc? En face des pauvres, de l'immense armée de la misère, que veut-il que nous fassions?

Une chose bien étrange! J'ose à peine vous la dire. Quand les Apôtres l'annoncèrent au monde, il y eut dans le paganisme un immense éclat de rire. Et cependant le précepte est formel : au pauvre méprisé par les uns, exploité par les autres, nous devons donner, non pas seulement l'estime, une estime sincère, non pas seulement le respect, un respect religieux, mais ce qu'il y a de plus précieux, de plus sacré, de plus rare : l'amour !

N'est-ce pas une chose impossible? L'amour tel que le forme la nature, est une passion qui a son origine dans le spectacle de la beauté. Offrez à la contemplation de l'homme le beau dans l'art, dans le style, dans le marbre, dans l'éloquence, dans la poésie, son cœur s'émeut, il est en proie à un sentimen t impérieux et doux : c'est l'amour.

Mais il semble que le beau n'existe pas dans le pauvre : son corps a été enlaidi par la souffrance et le travail, déprimé par les privations et les infirmités; son âme a subi les flétrissures du vice, et elle en porte les stigmates repoussants. Si grande bienveillance que vous mettiez à le juger, vous ne trouvez en lui aucun reflet de la beauté morale ou de la beauté physique, ni même l'attrait de la jeunesse, ce charme puissant d'une existence qui commence à s'épanouir. Les enfants du pauvre sont vieux avant d'avoir grandi; la misère les a flétris presque dans leur berceau, et elle n'a rien laissé sur leur front de la fraîcheur et des chastes séductions de leur âge.

Cela est vrai, et cette raison explique qu'en dehors du Christ le pauvre n'ait jamais été sincèrement aimé. Qui, dans les âges passés, aima le pauvre? Le paganisme s'en désintéressait au point qu'il ne pouvait pas revenir de sa surprise en entendant les recommandations de Jésus en faveur des malheureux. Qu'ont fait pour le service de la misère les philosophes, les politiques, les hommes habiles de tous les siècles? Qu'ont fait les philosophes du xviiie, les révolutionnaires de 93, les philanthropes, les socialistes, les économistes contemporains? Où sont les hôpitaux

qu'ils ont bâtis avec leurs deniers, le soulagement efficace qu'ils ont apporté à la souffrance
délaissée, les serviteurs désintéressés qu'ils lui
ont offerts? Aujourd'hui même, sous tous les climats où l'Église n'a point régné, le pauvre reste
la victime languissante de tous les mépris et de
toutes les oppressions.

Mais Jésus-Christ a dit une courte parole qui
a changé toutes choses et qui assure au malheureux l'amour de toutes les générations chrétiennes. Écoutez bien cette parole étonnante, ce
code immortel de l'amour des pauvres : « Ce que
vous ferez au moindre des miens, c'est à moi
que vous l'aurez fait. J'étais nu, et vous m'avez
donné des vêtements ; j'étais sans pain, et vous
m'avez nourri ; j'étais sans abri, et vous m'avez
hébergé. » C'est donc Jésus-Christ qui se cache
dans le pauvre comme dans un sacrement. Quand
vous entrez dans une église, votre foi vous pros-
terne à deux genoux devant l'Eucharistie, où se
trouve sous des apparences humiliées la présence
d'un Dieu : cette foi a inspiré à nos pères de
bâtir ces temples magnifiques qui portent jusqu'au ciel le témoignage du génie et le cri de
l'amour. Eh bien, voici un mendiant, les vêtements en loques et le visage défiguré par une
couche de terre détrempée de larmes ; son aspect

est rebutant, il inspire l'horreur; mais, si vous avez la foi, suspendez vos dédains et contenez votre mépris : à travers ces haillons, vous devez voir et vous devez aimer Jésus-Christ.

Si vous en doutez, ouvrez l'histoire : cette doctrine est si vraie que, dans l'Église, le pauvre a été aimé comme un Dieu seul peut l'être, plus que toute créature, avec une passion sublime. Oui, cet être dédaigné, méprisé, foulé aux pieds, cet être rebutant et flétri a inspiré à des âmes chrétiennes une passion sublime; elles ont tout quitté pour lui, leur fortune, leur famille, leurs plaisirs; elles ont renoncé à tout ce que le monde recherche avidement pour s'enfermer dans les hôpitaux avec des pauvres, des délaissés, dont la misère était rendue encore plus repoussante par les ravages d'horribles maladies. Pour vivre avec eux, des rois ont renoncé à la couronne, des reines ont quitté les splendeurs du pouvoir; des saints, des justes de tout rang se sont voués à leur service, leur appartenant sans partage, les soignant avec une affection filiale, se jetant à leurs pieds, les baisant avec ardeur dans le délire de leur tendresse, embrassant leurs plaies hideuses et corrompues. Voilà les extases d'amour qu'a provoquées le Christ réellement présent dans le pauvre !

Vous savez maintenant ce que Dieu veut que vous donniez au pauvre : l'amour ! Mais, tout en le sachant, on ne le sait jamais assez. Laissez-moi donc, avant d'achever, définir et analyser ce grand acte ordonné par Dieu : aimer les pauvres.

Aimer le pauvre, c'est d'abord lui vouloir du bien, c'est n'avoir pour lui ni hauteur, ni indifférence, ni dédain, mais une bienveillance sincère et fraternelle.

Et quand cette bienveillance du riche envers le pauvre fut-elle plus nécessaire qu'à notre époque ? A chaque nouveau coup d'épaule que l'anarchie donne à l'édifice social, déjà singulièrement lézardé, on entend les riches, dans toutes ces feuilles boulevardières qui sont censées défendre les intérêts de la classe dirigeante, pousser des cris désespérés : « Que les pouvoirs nous protègent ! Qu'ils défendent nos vies, nos biens contre ces audaces sanglantes ! » Les pouvoirs font ce qu'ils peuvent, je pense, pour protéger la société et pour se protéger eux-mêmes : ils ont une police nombreuse, une magistrature vigilante, des prisons bien gardées. Qu'est-ce que cela ? La force matérielle. Un jour ou l'autre, la force sera impuissante contre le peuple, parce que le peuple, c'est le nombre. Il n'y a qu'une puissance capable de maîtriser ses colères, c'est la bienveillance. Cela est si vrai que l'erreur même, quand elle veut le séduire, se couvre d'abord du masque de cette bienveillance universelle, apprise au monde par Jésus-Christ.

Comprenons notre devoir de chrétiens, et sachons nous montrer hautement sympathiques à toutes les réformes qui tendent à relever le sort des humbles, à toutes les mesures capables de développer l'instruction, de perfectionner l'éducation, d'améliorer la situation morale et matérielle des classes populaires. Qu'il n'y ait plus parmi nous de ces esprits attardés ou étroits qui regardent comme une atteinte à la religion toute entreprise faite en faveur des malheureux. Ne laissons pas aux agitateurs politiques ou aux banquiers israélites, auxquels nous reprochons d'accaparer le capital, l'honneur d'être tenus pour les seuls amis du peuple, et d'accaparer la sollicitude de ses souffrances.

Nous avons peut-être, nous, catholiques, sur ce point, quelques reproches à nous faire. Voilà bien des années que nous passons le plus clair de notre temps à nous plaindre de toutes choses, et à geindre, les pieds chauds, sous le manteau de la cheminée. Il a fallu que le pape nous rappelât que nous avions assez longtemps pleuré sur les ruines de Jérusalem, qu'il fallait la rebâtir, que les catholiques devaient être surtout des hommes d'action et qu'ils devaient apparaître au monde toujours les premiers, quand il s'agit de la défense des faibles et de l'amour des malheureux.

Aimer, ce n'est pas seulement vouloir du bien, c'est faire du bien à ceux qu'on aime.

Vous croyez peut-être que je vais vous parler de l'aumône, de l'aumône dont l'Écriture nous dit des merveilles, de l'aumône qui sauve de la mort, qui couvre la multitude des péchés. Non, pas encore ; je veux vous demander d'abord quelque chose qui est plus précieux que votre bourse, le service gratuit des pauvres.

La veille de sa mort, dans la salle de la Cène, Jésus nous donna un grand exemple. On le vit se dépouiller de ses vêtements, prendre de l'eau et laver les pieds de ses Apôtres. Il était à genoux, lui, le Fils de Dieu, devant ces hommes, et quels hommes ! Des pauvres, des ouvriers, durs, grossiers, ingrats, fort incapables alors de comprendre ce qu'il y avait d'instructif et de grand dans ce mystérieux abaissement ; son âme sans doute en frémit; mais il surmonta le trouble de sa chair, et il la força de se prosterner, pour la besogne la plus humiliante, devant les plus profondes des misères humaines.

Vous êtes les disciples de ce Dieu : il vous demande de l'imiter en lavant de vos mains les pires hontes de l'humanité; il vous invite par son exemple à vous agenouiller devant les dernières déchéances et à verser sur les pieds meurtris et souillés les parfums les plus doux et les plus précieux.

Pour nous, en dispenser, quel prétexte invoquerons-nous? Notre rang, notre fortune, notre éducation? Arrière ces préjugés mondains! Jésus-Christ était d'assez noble race, et il a voulu s'entourer de petites gens; il s'est lié d'amitié avec d'obscurs ouvriers; il a mangé à la table des pécheurs; il a aimé tous ces petits, tous ces méprisés; il les a servis. A son exemple, les rois et les reines, les Radegonde, les Marguerite d'Écosse, les Élisabeth de Hongrie sont descendus d'un trône pour aller poser leurs lèvres sur les plaies rebutantes des mendiants. Et vous, vous auriez peur des rapprochements avec les pauvres, et vous tiendriez à distance les hommes de néant? Vous auriez ces hauteurs de dédain, familières au paganisme, et que l'Évangile répudie?

Mais, direz-vous, comment aller aux pauvres? Nous n'avons ni or ni argent. Que m'importe! ce n'est pas ce que je vous demande. Ce que vous avez, donnez-le. Vous avez des yeux, regardez le pauvre avec bienveillance; vous avez des oreilles, qu'elles soient attentives à entendre sa plainte; vous avez une bouche, enseignez-lui le courage, la résignation, la patience; vous avez des mains, tendez-les-lui, aidez-le à relever son âme et à se tenir debout sous le fardeau de la misère; vous avez des pieds, allez à sa demeure; vous avez un cœur, aimez-le, et montrez-lui que, dans ce monde égoïste où les uns le dédaignent, où les autres l'exploitent, il a encore, pour le servir et pour l'aimer, les catholiques.

Ce n'est pas tout. Après que vous avez donné au pauvre votre temps, vos services, la loi de Dieu veut que vous lui donniez votre argent. Lui donner votre argent, ce n'est pas seulement une chose bonne, mais loisible et facultative; c'est un devoir rigoureux et qui intéresse gravement votre salut.

Dans des âges où l'on parlait un peu moins des droits de l'homme et où on les respectait un peu plus, les prédicateurs avaient coutume de rappeler aux riches qu'ils devaient user sagement de leur fortune, éviter les dépenses inconsidérées, et donner ensuite, en grande partie au moins, le superflu aux pauvres[1]. Doctrine étrangement oubliée ! Où va aujourd'hui le superflu ?

Il va au luxe, et telle riche mondaine qui consacre des milliers de francs à sa toilette se croira quitte avec sa conscience et capable de communier dignement si elle donne, à la fin de l'année, quelques louis aux pauvres.

Le superflu va au plaisir. On s'élève contre les sollicitations de l'Église qui, dans ces temps difficiles, fait souvent appel à la bourse de ses fidèles. Ses exigences semblent toujours indiscrètes, celles du monde toujours convenables ; et vous verrez telle pieuse catholique ne jeter qu'avec ennui chaque dimanche cinquante centimes dans la bourse de la charité alors que, dans un jour de réception, elle aura dépensé sans regrets plusieurs centaines de francs pour

---

[1] On entend par superflu la quantité de richesse dont on peut disposer après avoir prélevé ce qui est nécessaire pour vivre honnêtement, selon les exigences de la situation qu'on occupe. D'après les règles de la morale chrétienne, fondées en cela sur le droit naturel, ceux qui ont du superflu doivent « le faire servir au bien commun de la société et au soulagement des pauvres ». (S. Thomas d'Aquin.)

orner ses salons et faire venir de Nice des plantes rares et des fleurs embaumées.

Le superflu va à la débauche. Un jeune insensé dépensera dix ou quinze millions en quelques années à réaliser les entreprises les plus inouïes qu'une imagination maladive puisse rêver, tandis qu'à sa porte des êtres humains meurent de faim.

Le superflu, quand il n'est pas dévoré par le plaisir ou par la vanité, s'entasse dans les coffres-forts. Autrefois beaucoup de familles avaient une noble devise : « La mort plutôt que la honte. — Mon espérance, c'est le Christ ! — Dieu et patrie. » Aujourd'hui on pourrait écrire sur un grand nombre de blasons : « Enrichissons-nous ! » Au temps où l'Église proclamait la stérilité de l'argent, chacun se faisait un devoir absolu de donner au pauvre cette part que la loi de Dieu lui attribue. On la met aujourd'hui à la Banque pour qu'elle fructifie. Il est vrai que Dieu, pour la punition de cette société mercantile, permet ordinairement qu'on la confie au Panama ou à quelque notaire véreux.

La doctrine qui exige en faveur du pauvre une part du superflu est à ce point oubliée, qu'elle paraît à plusieurs une doctrine étrange. Oui, depuis que beaucoup ne cherchent plus la vérité

dans l'Écriture, mais dans les journaux du boulevard, et que le *Figaro* est devenu leur Évangile,
cette doctrine de notre foi a été voilée au point
qu'elle nous semble nouvelle, presque révolutionnaire, et que je leur parais une sorte de socialiste en soutane. Et cependant je ne vous demande
pas des choses extraordinaires, mais des choses
équitables. Dieu imposait la dîme aux Hébreux,
et les Apôtres recommandaient à leurs premiers
disciples la communauté des biens. Nous en
sommes loin! Je me borne à vous rappeler la
doctrine constante de l'Église sur l'usage du
superflu : elle a été enseignée d'une manière
unanime par ses pontifes, ses docteurs, ses saints,
et ils en ont été à travers les siècles les inter-
prètes indéfectibles.

Cette doctrine, je ne fais que la répéter, je ne
suis qu'un écho bien affaibli de toute la tradition
chrétienne quand je dis : « Dieu est le maître
souverain de tous les biens; il ne les a que prêtés
aux hommes, et s'il les leur a départis dans une
mesure inégale, c'est afin que les plus favorisés
viennent au secours des autres. »

De bonne foi, comprendriez-vous qu'il en fût
autrement? Comprendriez-vous qu'une créature
humaine pût en toute justice avoir ses mains
toujours remplies d'or, tandis qu'à sa porte une

autre créature humaine, de la même nature, fille
du même Dieu, meurt de faim? Comprendriez-
vous qu'un homme, dans une profession libérale
quelconque, pût gagner chaque année des milliers
de francs, tandis qu'un autre, aussi bien doué
peut-être, aussi vertueux, gagne trente sous par
jour à casser la pierre au bord des grands chemins? Comprendriez-vous cela, si Dieu n'avait
pas fait du riche la providence et le père des
pauvres, et s'il ne lui avait pas imposé envers eux
des devoirs rigoureux de charité?

Votre conscience protesterait; mais le Christ
a protesté tout le premier; il a promulgué la
grande loi, pour quiconque possède, de faire un
usage charitable du superflu. L'égoïsme humain
peut bien essayer de prescrire contre ces paroles
divines; le ciel et la terre passeront, et ces enseignements ne passeront pas; quiconque les aura
violés en tout ou en partie en rendra compte au
jugement devant sa conscience et devant Dieu.

Mes frères riches, comprenez donc la grandeur
que Dieu vous a faite; soyez dignes de votre
vocation; vous êtes la Providence des pauvres,
ne soyez pas une Providence aveugle et insensible; vous êtes les pères des malheureux, ne
soyez pas des pères dénaturés et sans entrailles.
Élargissez votre cœur, afin que votre bonté soit

l'image de la bonté divine; n'enfermez pas votre âme dans le coffre où vous avez mis votre argent. Élevez-la jusqu'à la hauteur de la mission qu'elle doit remplir et des souffrances qu'elle doit soulager.

Mais la vraie charité ne consiste pas seulement à donner le superflu. Si vous vous borniez à cela, j'aurais perdu la cause que je défends, je m'en affligerais pour les pauvres et pour Dieu. La vraie charité est assez courageuse pour s'imposer des privations, des sacrifices, afin de pouvoir soulager la misère. Ce n'est plus le commandement du Christ, mais c'est le conseil qu'il nous a donné. Et qui ne peut se priver de quelque chose pour ceux qui n'ont rien? Ouvriers, mes amis, vous pourriez bien faire une, deux, trois haltes de moins dans le comptoir d'en face; ce serait de l'argent trouvé pour les pauvres vieillards qui ne peuvent plus travailler. La jeune ouvrière perdrait peu à avoir un vêtement modeste, un ruban de moins à son bonnet, à n'avoir point de chaînes en doublé à son cou, ni de bracelets en métal blanc à ses poignets, ni de fleurs à son chapeau, à ne point paraître dans les bals de faubourg et dans les réunions des places publiques : voilà des ressources trouvées pour les pauvres petits enfants qui ont froid et faim, pour leur mère qui pleure parce qu'elle n'a pas de pain à leur donner. Vous, messieurs, qui dans votre grand porte-monnaie avez un grand compartiment pour vos distractions et vos plaisirs, vous pourriez bien aller une fois, deux fois de moins au théâtre, au cercle, aux courses, et réserver ainsi quelques louis à ceux qui ne s'amusent jamais. Et vous, mesdames, qui avez des tables somptueuses, de brillantes toilettes, des appartements richement ornés, ne pourriez-vous pas faire subir à ces jouissances, à ce luxe, quelques retranchements, et les donner à ceux qui souffrent?

Voilà des émotions bien capables de remplacer les émotions des fêtes et les vains éloges du monde! Voilà des joies et des succès vraiment dignes du cœur de la femme chrétienne! O femmes, ô mères, ô jeunes personnes, laissez passer toutes les frivolités sans vous y attacher : elles ne sont pas dignes de vous. Ne rapetissez pas votre cœur nativement si grand à l'ordonnance d'une fête, à la coupe d'un vêtement ou à la symétrie d'une table; désintéressez-vous des vanités banales et des satisfactions vulgaires. Mais pitié pour les petits enfants qui grelottent dans la mansarde! Pitié pour le pauvre ouvrier, malade, perclus, et qui n'a pas de pain! Pitié pour le vieillard à qui la mort semble trop lente, et qui souffre de la faim! Pitié pour la pauvre mère qui presse avec désespoir contre son sein tari son enfant éploré et ne peut calmer ses cris! Pitié, pitié du moins pour Jésus-Christ, votre Dieu, votre Rédempteur, qui vit, qui souffre dans le pauvre, et qui vous tend la main!

Le cri de l'égoïsme, et ce cri devient de plus en plus sonore et étendu dans notre temps, c'est : Enrichissons-nous, jouissons, amassons; tout pour moi!

Vous qui aimez Jésus-Christ, vous devez avoir un autre langage et une autre devise : Ne possédez rien d'une manière solitaire et égoïste. En toutes choses, faites la part des pauvres. Ce n'est pas seulement un conseil de votre foi, c'est un commandement qui intéresse votre salut.

Catholiques, lorsque, l'année révolue, vous ouvrirez vos coffres-forts, quand vous passerez une main caressante dans les flots de votre or,

rendez grâces à Dieu, qui vous a fait ces largesses, et dites : « Mes trésors, à moi, riche,
c'est bien ; mais quelques louis pour les pauvres. »

Quand vous entrerez dans vos salons où le
luxe ruisselle, que vous marcherez sur vos tapis
moelleux, que vous vous reposerez sur le velours
ou la soie de vos sièges richement sculptés, devant
les bronzes d'art et les brillants décors, pensez
qu'il y a des pauvres, vos frères, qui n'ont pas
un banc pour s'asseoir, ni une couche pour
dormir, ni une chaumière pour s'abriter ; dites :
« Mon château, mes somptuosités, mon confort,
à moi, riche, c'est bien ; mais une cabane pour
le pauvre. »

Lorsque vous serez à table, qu'on vous servira
à loisir les mets fumants et les vins exquis, qu'on
mettra au service de votre palais toutes les délicatesses et tous les raffinements, pensez aux
pauvres hères qui ont le ventre creux et qui se
serrent la ceinture. Dites : « Pour le riche une
table magnifiquement servie, c'est bien ; mais
quelques miettes pour le pauvre. »

Quand vous porterez vos vêtements d'une coupe
irréprochable et d'une fine étoffe, quand vous
verrez vos filles et vos femmes resplendir dans
leurs bijoux et leurs parures, pensez aux loqueteux, à ceux qui n'ont pas assez de haillons pour

se couvrir; dites : « Pour le riche, de brillants habits, c'est bien; mais des hardes au moins pour le pauvre. »

Quand, aux jours d'été, vous serez sur la plage, au bord des mers coquettes, ou que vous vous reposerez dans le nid charmant des villes d'eau, jouissant à loisir de tous les délassements : la promenade, le jeu, la musique, le théâtre, l'opéra, pensez au pauvre ouvrier qui travaille sans trêve, dans la mine, dans la forge, dans l'atelier, la fatigue aux membres, la sueur au front. Dites : « Mes distractions, à moi, riche, c'est bien; mais quelque repos pour le pauvre. »

Quand viendra la joyeuse saison de vos fêtes, quand vous goûterez les fines saveurs de vos mondanités, que vous valserez sur les tapis soyeux, au milieu des lumières, dans un tourbillon de plaisir, pensez à ceux qui pleurent, qui n'ont pas de pain, qui n'ont pas de feu; dites : « Mes amusements, mes soirées, mes fêtes, mes bals, à moi, riche, c'est bien; mais quelques minutes de répit et de joie pour le pauvre. »

Et quand tout cela sera fini, quand la mort apparaîtra dans des perspectives dépouillées d'illusions, ô mon frère riche, peut-être voudras-tu t'assurer des obsèques dignes de ta fortune : pour toi le son des cloches, là-haut, au sommet des tours sombres; pour toi, les gémissements de l'orgue sous les voûtes grises; les tentures brillantes et les décors d'argent autour de ta dépouille; des notabilités pour tenir les cordons du poêle; le grand char, un char triomphal, pour porter tes cendres; une foule d'amis et de parents pour leur faire jusqu'au bout un cortège glorieux. Pense alors comment notre frère le pauvre quitte ce monde, comment on le porte en terre, et dis : « Oui, mes honneurs funèbres, mon grand catafalque, à moi, riche, et tout autour, une forêt de cierges, de l'encens, des choristes pour chanter un *Libera* solennel, c'est bien; mais au moins quatre planches de sapin et quelques prières pour le pauvre. »

PATRONS ET OUVRIERS

PATRONS ET OUVRIERS

Vous n'avez pas oublié l'étonnement qu'éprouvèrent les adversaires de l'Église le jour où ils apprirent que le pape, dans une encyclique, venait de traiter de la condition des ouvriers et que chacune de ses paroles respirait le dévouement à la classe des travailleurs et une sublime charité.

En voyant que le socialisme n'était pas seul à poser ces redoutables problèmes, qu'il était même singulièrement distancé sur tous les points par la doctrine catholique, ils furent longtemps à revenir de leur surprise. Enfin, après réflexion, ils déclarèrent que l'Église avait pris une orientation toute nouvelle, qu'elle avait rompu d'un coup ses vieilles alliances avec la richesse et le pouvoir, et que, désormais intelligente de ses intérêts et des destinées du monde, elle faisait fête à la démocratie. Les politiques, ceux qui voient les choses de haut et qui connaissent l'avenir des peuples, la trouvèrent habile, fort habile de prendre la tête de ce grand mouvement social, prudente, fort prudente de quitter les vieux navires tant de fois radoubés et qui font eau de toutes parts.

En prophétisant, ces sages oubliaient une chose capitale : c'est que, de par la loi de sa naissance, l'Église est l'amie des ouvriers, — que son fondateur fut charpentier, — que ses Apôtres travaillaient de leurs mains, — que l'Évangile est la charte des ouvriers. J'ai beau chercher parmi les Apôtres : je n'en trouve pas un qui n'ait un métier. Le plus lettré, Paul, coud des tentes et des voiles de navire. Matthieu est un préposé aux douanes, assez semblable, je pense, à ces petits gabelous que nous voyons sur le seuil de leur bicoque, à l'entrée de nos villes. Les autres étaient tous des pêcheurs côtiers du lac de Génézareth : tels les rudes mariniers que vous voyez chaque année sur la plage avec leur blouse de toile écrue, leur habit de grosse bure et leur large chapeau goudronné. Tertullien n'exagérait rien quand il disait : « Nous, catholiques, nous sommes nés d'une vile plèbe, *ex vili plebeculâ.* »

L'Église n'a jamais renoncé à cet amour originel de l'ouvrier; elle l'a gardé comme une tradition de famille, comme un héritage sacré. Il y eut des temps où la reconnaissance des peuples la poussa au faîte des honneurs et de la puissance. On la vit s'asseoir sur les marches des trônes, toute drapée dans la pourpre des rois. Mais, si haut qu'elle fut placée, elle ne perdit point de vue l'ouvrier, et plus d'une fois, quand il fut opprimé, elle trouva, pour le défendre, de tels cris que toute la terre en fut émue.

Il est vrai de dire cependant que, dans tout le cours du XIXe siècle, la question des rapports entre patrons et ouvriers perdit quelque chose de sa netteté aux yeux des catholiques. La lutte des classes s'étant aggravée, l'ouvrier, dans ses revendications les plus légitimes, semblait être un révolté en insurrection contre l'ordre social. Devant ce spectacle, en présence des réclamations trop souvent excessives ou violentes de la classe ouvrière, beaucoup de bons esprits et de cœurs généreux restaient incertains. Ces cris de colère, ces appels à la force, ces menaces farouches, ces guerres civiles, ces barricades, ce sang versé, ces révolutions périodiques les épouvantaient et les détournaient d'une cause sacrée.

Aujourd'hui, tout malentendu a cessé, et il n'y a pas de catholique qui pourrait hésiter à servir les intérêts des travailleurs, puisque le mot d'ordre a été donné par le représentant de Dieu et qu'il a retenti d'un bout à l'autre de la chrétienté. L'Église est invitée à prendre hautement en mains la cause de l'ouvrier. Sa mission, il est vrai, est rendue plus difficile que dans le passé, parce qu'entre elle et lui se dressent les agitateurs, les politiques, ceux qui aiment le peuple à pleine bouche, non pas à plein cœur, les aventuriers et les intrigants, qui se servent des souffrances populaires pour faire la recette des honneurs et de la popularité. Ils forment comme une muraille de séparation. Mais cette muraille, l'Église la renversera, elle atteindra la foule des vrais ouvriers, de ceux qui mettent leur espoir dans la justice et dans le droit, non dans le désordre et la violence; elle défendra leur cause; elle en assurera le triomphe pacifique.

Il ne peut y avoir désormais une âme catholique qui se désintéresse de ce problème, ni un prêtre qui ne redise les immortels enseignements du pontife romain. Un jour viendra, qui n'est pas loin peut-être, où germera dans le monde cette semence évangélique, et où l'humanité verra ce que vaut la parole de l'Église, quand elle s'élève avec cette puissance et cet éclat en faveur des ouvriers.

Ce discours ne sera qu'un commentaire de l'encyclique pontificale ; nous y rechercherons les causes qui ont troublé si profondément en notre temps les rapports des patrons et des ouvriers, — et les moyens d'atténuer et de guérir ce mal social.

I

Il faut, avant tout, préciser le sens des mots. J'appelle patron, non pas seulement le chef d'usine ou d'atelier, mais quiconque a recours, contre un salaire, directement ou indirectement, au travail de ses semblables. Tels sont l'industriel qui façonne des matières premières ; le commerçant qui les achète pour tirer un bénéfice de la revente ; le propriétaire foncier, qui fait valoir ses terres en employant des domestiques ou des journaliers, qui les loue à un fermier, ou qui en partage les fruits avec un métayer ; le rentier enfin, qui, si enveloppé qu'on le suppose dans ses titres, a pourtant quelquefois à traiter avec un maçon, un menuisier, avec un coiffeur tout au moins ou un cordonnier, et avec les employés subalternes des administrations publiques. A quelque catégorie sociale que nous appartenions, nous sommes, à un moment donné, des patrons, et il s'agit de nos rapports avec le monde des ouvriers, des rapports des capitalistes et des travailleurs.

En toute société, à quelque degré de civilisation qu'elle soit parvenue, ces rapports sont nécessaires.

Il y eut des temps où ils furent bons et où patrons et employés vivaient en amitié. Aujourd'hui, c'est la guerre, la guerre déclarée très haut et vigoureusement menée. Vous n'avez qu'à ouvrir les yeux pour voir les deux camps; dans notre pays, dans toute l'Europe, ils sont bien tranchés : d'une part, les riches; d'autre part, les va-nu-pieds; ceux qui possèdent, ceux qui n'ont rien; les maîtres, les ouvriers; les rassasiés, les meurt-de-faim.

L'armée de ceux-ci est immense; de plus en plus elle s'agrandit, s'organise, se prépare à la bataille. Indisciplinée jadis, sans cohésion, impatiente du joug, elle se fait à l'obéissance; elle a des chefs, elle en reconnaît l'autorité, elle en exécute les ordres ; et ainsi elle se fortifie jusqu'à se rendre invincible.

De cette immense armée s'élève un bruit grandissant de haine : la haine du maître, la haine du riche, la haine des heureux, la haine de ceux qui détiennent le pouvoir ou la fortune. La foule de ceux qui n'ont rien et qui gagnent durement le pain de chaque jour est en proie à une immense colère. Sans croyances, sans Dieu, partant sans force morale et sans consolations, accablée par le poids de sa destinée, victime quelquefois d'exploitations cruelles, elle se redresse avec une énergie suprême et appelle de tous ses vœux le combat.

Qui voudrait connaître cet état d'âme n'aurait qu'à lire la littérature populaire qu'on répand à profusion dans les centres ouvriers, qu'on distribue à l'entrée et à la sortie de l'usine et de l'atelier, dans l'usine et dans l'atelier mêmes, quand on le peut, sur les places et dans les rues des faubourgs, dans les cabarets borgnes, où les travailleurs ont coutume, leur tâche finie, de se donner rendez-vous : sous toutes les formes, catéchismes de l'ouvrier, feuilletons illustrés, journaux à un sou, brochures, appels au peuple, on leur prêche le « chambardement social » et la révolution violente. Je ne citerai qu'un écho.

et il n'y a pas une de ces feuilles où ne se trouvent d'aussi odieuses excitations : « Une vision monte dans un horizon proche : c'est la vision rouge de la Révolution qui emportera tout : c'est la débâcle du peuple lâché, débridé, galopant par les villes et les campagnes, où ruissellera le sang du bourgeois, où sera semé l'or des coffres-forts éventrés... »

« Non, il n'y a rien à faire, si ce n'est allumer le feu aux quatre coins des villes, faucher les peuples, raser tout, et quand il ne restera plus rien de ce monde pourri, peut-être en repoussera-t-il un meilleur. »

Voilà donc la situation sociale. Les deux camps sont en présence dans les dispositions d'une haine farouche.

Comment en sommes-nous arrivés là?... Mon Dieu, tout naturellement.

La première cause de ces divisions, leur cause originelle, c'est l'affaiblissement de la foi, sa ruine en un grand nombre d'âmes.

La foi enseignait à l'ouvrier que la richesse n'est pas le bonheur, que la vie est une épreuve, non pas un festin, qu'il doit user de patience et de résignation, que ces vertus sont le prix d'une impérissable récompense.

Cette croyance était nécessaire à l'ouvrier pour ennoblir à ses yeux sa condition, pour la rendre tout au moins supportable; car, reconnaissons-le franchement, elle n'est pas riante. Travailler du matin au soir, ne déposer ses outils le soir que pour les reprendre le lendemain, épuiser ses forces, quelquefois briser sa santé prématurément par un labeur accablant et mal payé; subir toutes les privations, même la faim, quand l'usine chôme; se nourrir de légumes mal apprêtés, être vêtu grossièrement et logé dans un taudis; savoir qu'à deux pas de soi, tandis qu'on peine, qu'on souffre, qu'on traîne son boulet, l'opulence savoure les délices d'un repos ininterrompu et s'enivre de plaisirs; recevoir, en toute occasion, les ordres des riches; se faire humble et petit devant leurs exigences; dévorer, les yeux baissés, toutes les humiliations; trimer ainsi trente ou quarante ans, dans la fatigue physique et la détresse morale, et mourir enfin à l'hôpital en léguant à de pauvres enfants sans éducation, sans fortune, sans avenir, le même héritage de misères : voilà les amertumes de la vie qui est faite trop souvent à l'ouvrier.

Certes, si je m'adressais à une assemblée de

prolétaires, je ne leur présenterais pas ces tableaux. Bien des fois, je leur ai parlé de la patience et de la résignation qui allègent tous les fardeaux, de l'esprit de foi qui voit dans les supérieurs l'image de Dieu, du respect chrétien qui rend toute obéissance douce et noble. Mais vous, vous êtes fortunés, vous êtes riches, vous avez une part plus qu'ordinaire d'or et de bonheur. Faut-il que vous vous enveloppiez dans la jouissance égoïste de votre félicité, et que vous ignoriez ce qu'on souffre à côté de vous? Non, non; vous devez connaître ces souffrances pour y compatir et pour les soulager. Mais qui vous les dira, si le prêtre ne vous les dit pas, s'il ne peut pas vous les dire? Il ne serait pas un vrai prêtre, celui qui, se nourrissant tous les jours du corps et du sang de Jésus, ne recommanderait pas hautement les petits et les humbles à votre bonté. Ils ne seraient pas de vrais catholiques, ceux qui, partageant avec le prêtre l'aliment divin, ne sentiraient pas battre dans leur cœur l'amour dont leur Dieu aima les ouvriers.

Eux et nous, nous sommes issus des mêmes ancêtres, et nul ne saurait humainement expliquer pourquoi, fils d'un même père, membres d'une même famille, nous nous réjouissons tandis qu'ils pleurent, nous sommes heureux pendant qu'ils souffrent. Devant ces incompréhensibles et douloureuses inégalités, l'ouvrier ne peut s'adresser ni à la science, ni à la philosophie, ni à l'histoire, ni à la politique, ni au socialisme; il n'a qu'un recours sérieux, un seul : l'espérance d'une vie meilleure et plus clémente. Or, cette espérance, la foi seule la donne; seule, elle résout l'énigme de la vie présente; seule, elle enseigne à ceux qui souffrent une doctrine qui les relève et qui les fortifie.

Or, cette foi, on la lui a prise; on lui a persuadé qu'il n'y a pas de justice, ni de Dieu, ni d'éternité.

Et le jour où l'ouvrier, après avoir entendu les rhéteurs, les sophistes, les tribuns, a été pénétré de leurs doctrines, il s'est pris à réfléchir et il a dit : « S'il n'y a ni Dieu, ni justice, ni vie future, tous les hommes ont les mêmes droits, tous les biens sont de ce monde, la richesse est un vol, l'inégalité est un désordre. Il n'y a plus de raison pour que les uns jouissent et que les autres travaillent, pour que les uns commandent et que les autres obéissent, pour qu'il y ait des patrons et des ouvriers. Jetons à terre d'un coup vigoureux la masure sociale qui nous abrite, et bâtissons sur de meilleures bases l'édifice qui protégera les générations à venir. »

O politiques, ô philosophes, vous avez proclamé bien haut qu'il n'y a pas de Dieu, que la religion est un rêve, la foi une folie; je ne vois pas comment vous pourriez empêcher l'ouvrier de tirer les conséquences de vos principes, ni ce que les patrons libres penseurs pourront bien faire et dire pour avoir raison de sa logique sincère et brutale.

L'irréligion n'a pas seulement créé dans l'ouvrier l'inintelligence absolue des raisons qui rendent nécessaires les inégalités sociales, et la passion de la haine, désireuse de tout abattre et de tout niveler. Elle y a fait naître aussi le désir immodéré de la jouissance, le vice, et par là même la passion de l'envie, la convoitise des richesses, qui procurent la jouissance et qui entretiennent le vice.

La religion lui avait dit : « Ouvrier, la vie présente est une épreuve, non pas une fête; n'y cherche pas une félicité, que tu n'y trouverais point. Les trésors qu'elle pourrait t'offrir ne t'apporteraient pas le bonheur, parce qu'ils sont périssables. O ouvrier, fils de Dieu, fils de l'éternité, à quoi sert de gagner le monde, si l'on vient à perdre son âme ? »

Cette doctrine lui donnait le vrai sens de sa condition; elle modérait ses désirs; elle contenait ses passions; elle lui procurait ce confortable de l'âme, infiniment supérieur au confortable matériel, et que les riches ne possèdent pas toujours au sein de leur opulence, tandis que tout paysan chrétien en jouit dans sa chaumière. Moyennant un peu de pain, chèrement gagné, pour nourriture, des enfants dévoués pour soutenir sa vieillesse, un prêtre pour le préparer à bien mourir, il tenait la Providence quitte envers lui, et il estimait que la société avait assez fait. Du milieu du champ où il poussait sa charrue, il promenait sur le monde un regard tranquille et sans envie. Il avait peu, c'est vrai, bien peu; mais il ne lui fallait pas davantage; la moisson qui poussait dans son sillon suffisait à lui donner une joie que les heureux pouvaient lui envier dans leur abondance.

Mais voici qu'on a ruiné ses espérances; on a aiguisé ses désirs; on a allumé ses passions; on lui a dit, en simulant la pitié et l'intérêt : « Pauvre ami, comment peux-tu être heureux dans cette misère? Le bonheur, c'est la richesse, parce que seule elle peut acheter le plaisir. Elle est tout, et le reste n'est rien. Dieu, le ciel, le renoncement, le sacrifice, ce sont de vieilles chansons mises en musique par l'Église pour bercer ta souffrance et pour t'aider à traîner ton boulet. »

Une fois cette conviction formée dans l'ouvrier, la logique devait l'entraîner à un désir âpre et violent de la jouissance.

Ce désir s'est emparé de lui; il l'aiguillonne; il lui brûle les entrailles. Et de même que le riche, quand il est pris de cette passion, apporte dans la recherche du plaisir les délicatesses et les raffinements de son milieu, il y apporte, lui, les appétits et les grossièretés d'une nature fruste et sans frein.

Vous, messieurs, vous avez votre cercle, le théâtre, l'opéra, vos chevaux, vos automobiles, les courses, le sport, la plage, la ville d'eaux. Ne pouvant jouir de ces délassements dispendieux, l'ouvrier a son cabaret noir et son café chantant. Il n'y entend pas la musique des grands maîtres, mais il y chante les refrains obscènes et les hymnes révolutionnaires. Il n'y cause pas d'art ou de littérature, mais il y parle de la manière d'en finir avec le bourgeois; il s'y délasse par des conversations impudentes, des lazzis qui font rougir, des danses éhontées. On ne lui sert ni mets exquis, ni vins recherchés; mais on lui offre, pour quelques sous, l'alcool, et les pires alcools, ceux qu'on a justement nommés l'épilepsie en bouteille. Ses fils boivent avec lui ce liquide fatal, tandis que ses filles, dévergondées, provocantes, s'étalent au milieu des hommes comme une marchandise à la criée.

Où cela le mène-t-il?

Je puis vous répondre. Nous avons, dans notre histoire, des exemples mémorables et dont personne n'a encore perdu le souvenir. Sans confiance et sans espoir dans les compensations éternelles, sans crainte de Dieu, partant sans frein, l'ouvrier est pris de la rage de jouir en cette vie, et, comme il n'y peut arriver dans toute l'étendue de ses désirs, il se précipite contre l'obstacle. Ce n'est plus un homme, c'est un fauve déchaîné. Rappelez-vous les scènes de la Commune, ces prêtres, ces magistrats enfermés comme des malfaiteurs et mis à mort, ces otages fusillés, les barricades dressées dans les rues et sur les places publiques, les monuments incendiés, les multitudes, ivres de sang, se ruant contre le pouvoir et contre la richesse. C'est le passé, oui; mais l'histoire d'hier peut devenir l'histoire de demain, parce qu'une loi fatale veut que les mêmes causes produisent les mêmes effets.

La religion manque donc aux ouvriers pour leur apprendre la nécessité et l'équité des inégalités sociales, l'espérance, le renoncement, et pour leur mettre au cœur du courage.

Elle manque tout autant au riche pour lui rappeler la dignité du travailleur, son frère, non pas son esclave; pour lui apprendre à pratiquer envers les ouvriers, non seulement la justice, mais l'amour. Tout est là. On a écrit des volumes avec les programmes de réforme sociale offerts à notre génération. Ces efforts sont louables peut-être, mais inutiles. Il s'agissait seulement d'aider l'Église à mettre dans les cœurs de plus en plus d'amour, jusqu'à ce qu'on les eût élevés à l'accomplissement de tous les devoirs d'une vraie fraternité. La question aurait été résolue le jour où l'on aurait ainsi fait régner l'amour là où l'on fait régner la haine.

Mais quand le patron a laissé de côté le point de vue chrétien, que devient pour lui son subordonné? Non plus un frère, un égal devant Dieu; non plus un coopérateur intelligent et libre, qu'il associe à son œuvre, mais un moteur animé, auquel il faut demander la plus grande somme possible de travail, aux conditions les moins onéreuses.

De là toutes les habiletés imaginées par des spéculateurs audacieux, qui, ne faisant pas de différence entre un homme et une machine, abusent de malheureux ouvriers pour satisfaire une insatiable cupidité :

Ces journées de labeur accablant, dans les conditions souvent les plus défavorables à la santé, et rémunérées d'une manière dérisoire[1].

Ces prolongations arbitraires d'une journée déjà pénible : c'est un attentat que la loi française prévoit et qu'elle réprime ; mais tout le monde sait que la loi peut être éludée par l'adresse, annulée dans ses effets par les hautes influences, tournée ou rendue inefficace en faveur de privilégiés.

Ces ouvriers blessés, mutilés, estropiés sur le

---

[1] « Exiger une somme de travail qui, en émoussant toutes les facultés de l'âme, écrase le corps et en consume les forces jusqu'à l'épuisement, c'est une conduite que ne peuvent tolérer ni la justice ni l'humanité. L'activité de l'homme, bornée comme sa nature, a des limites qu'elle ne peut franchir. Elle s'accroît sans doute par l'exercice et l'habitude, mais à condition qu'on lui donne des relâches et des intervalles de repos. Ainsi le nombre d'heures d'une journée de travail ne doit-il pas excéder la mesure des forces des travailleurs, et les intervalles de repos devront-ils être proportionnés à la nature du travail et à la santé de l'ouvrier, et réglés d'après les circonstances des temps et des lieux. L'ouvrier qui arrache à la terre ce qu'elle a de plus caché, la pierre, le fer et l'airain, a un labeur dont la brièveté devra compenser la peine et la gravité, ainsi que le dommage physique qui peut en être la conséquence. Il est juste, en outre, que la part soit faite des époques de l'année : tel travail sera souvent aisé dans une saison, qui deviendra intolérable ou très pénible dans une autre. » (Encyc. *Rerum novarum.*)

chantier, vieillis tout au moins et devenus impuissants, et qu'on renvoie comme inutiles. Les secourir peut n'être pas un devoir de justice, si on leur a toujours donné un salaire convenable; c'est toujours, surtout quand il s'agit d'une industrie florissante et lucrative, un devoir d'humanité.

Ces injustes retenues du prix du travail, à cause des malfaçons, tandis qu'on livre ce travail au commerce et qu'on en tire le profit ordinaire : le consommateur est peut-être lésé dans ses droits; le patron ne l'est pas; il fait donc un gain illicite, au détriment à la fois de son client et de son ouvrier.

Ces boutiques, ces odieuses boutiques, épiceries, auberges, cafés, commerces de comestibles, installés par les patrons dans le voisinage des usines, et où l'ouvrier, s'il veut conserver sa place, est moralement obligé d'acheter un vin fabriqué et des liqueurs malfaisantes, une alimentation malsaine, des marchandises frelatées.

Ces femmes appelées, en échange d'un salaire infime, aux travaux les plus durs et livrées à une promiscuité immorale.

Ces enfants condamnés, contrairement aux lois de la nature, à un travail supérieur à leurs forces et aussi fatal à leur corps qu'à leur âme.

Ces délais indéterminés dans le versement d'un

salaire péniblement gagné et quelquefois si dou-
loureusement attendu.

Ces réserves en vue d'une pension fictive, que
l'ouvrier ne touchera jamais, jamais du moins
dans son intégrité.

Enfin, ce désir immodéré et sauvage d'en-
tasser des bénéfices sans souci de la justice, de
la probité, de la charité, au détriment des droits
les plus sacrés de l'ouvrier, au prix de son bonheur et même de sa vie.

On sait ce que les patriciens avaient coutume de
faire, à Rome, pour empêcher l'esclave chargé de
moudre le blé d'en manger quelques grains tout en
tournant la meule. On lui mettait au cou une sorte
de collier de bois. Ainsi muselée, la bête de somme
ne pouvait plus faire aucun tort à son maître.

Cela, c'est l'homme, cette bête hirsute et sauvage quand elle est en proie aux seules influences
de sa nature. Les siècles ne l'ont pas changé.
Son égoïsme natif, quand la religion cesse de le
museler, le ramène brusquement à toutes les
brutalités du paganisme.

Parmi ces duretés du patronat libre penseur,
il est juste de citer la disproportion du salaire
avec le travail fourni et les bénéfices réalisés.

« Pour fixer la juste mesure du salaire, dit

Léon XIII, il y a de nombreux points de vue à considérer; mais, d'une manière générale, que le riche et le patron se souviennent qu'exploiter la misère et la pauvreté, spéculer sur l'indigence sont des choses que réprouvent également les lois divines et humaines. Frustrer quelqu'un du prix de ses labeurs serait un crime à crier vengeance au ciel : « Voilà que le salaire que vous avez dérobé par fraude à vos ouvriers crie vers vous, et que leur clameur monte jusqu'aux oreilles du Dieu des armées [1]. »

Il est difficile, j'en conviens, d'établir avec rigueur l'équitable mesure du salaire; mais il y a une règle qu'on ne conteste généralement pas : c'est que l'ouvrier laborieux, économe, rangé, doit pouvoir vivre et faire vivre les siens par son travail [2].

---

[1] Encyclique *Rerum novarum*.

[2] On admet communément que le taux du salaire doit être déterminé d'après les deux principes suivants : 1° Tout métier utile au corps social doit nourrir son homme et lui permettre de vivre honnêtement. Le patron n'a pas le droit d'organiser le travail comme si ses ouvriers étaient de simples machines ; il est obligé de se souvenir de leur dignité et de leurs besoins d'hommes. 2° Le salaire doit être proportionnel à la valeur du travail fourni : on ne prétendra jamais que le sculpteur qui fait la maquette d'une statue et le manœuvre qui lui présente la terre à mouler aient fait un travail d'égale valeur, parce qu'ils ont été occupés pendant le même temps. (V. *Catéchisme d'économie sociale*, p. 208.)

Or, que faut-il pour vivre? Entendons-nous : je ne demande pas ce qu'il vous faut, à vous, messieurs, pour que votre table soit convenablement servie, que vous soyez habillés d'étoffes fines, que vos réceptions aient lieu aux époques ordinaires, que vous puissiez prendre convenablement votre villégiature. Je ne demande point cela; ce serait par trop indiscret. Mais que faut-il à une famille d'artisans, composée des parents et de trois enfants, pour vivre, en mangeant ordinairement des pommes de terre ou des haricots, en s'habillant avec une serge grossière, qu'on retourne quand elle est usée; en habitant sous le toit un logement à deux pièces, éclairées par une lucarne, et en chaussant les petits avec des sabots? Des statistiques impartiales disent que cette famille a besoin de quatre francs par jour. Et il y a des ateliers, de grands ateliers, de riches usines où le meilleur ouvrier n'arrive pas à gagner net ce salaire de famine [1].

D'excellentes gens, qui ont les pieds chauds et une provision de valeurs dans leur coffre-fort, préconisent un remède facile à ces maux : « Que l'ouvrier, disent-ils, économise davantage! » C'est

---

[1] Depuis un siècle, la hausse des salaires a été à peu près constante. La journée de travail se paye maintenant le double et parfois le triple de ce qu'elle rapportait il y a cinquante ou

bien, et je trouve que ce discours est sage; mais il est par trop incomplet. Il ne sera acceptable, au regard de la justice et de l'Évangile, que si, vous tournant ensuite du côté des patrons, vous leur dites : « Vous aussi, modérez-vous; restreignez vôtre luxe, mettez un frein à vos désirs; ménagez à vos filles une dot un peu moindre; prélevez sur les bénéfices une part plus équitable, afin que vous puissiez donner à vos ouvriers un salaire moins inférieur au mérite de leur travail et à leurs besoins. »

Toujours inique, toujours capable d'exciter la colère de l'ouvrier, cette disproportion du salaire avec le travail devient encore plus odieuse, quand l'entreprise réalise de gros profits. Et c'est un fait que des actionnaires, qui ne se dérangent pas autrement que pour toucher des dividendes, perçoivent trente, trente-cinq et quarante pour cent

soixante ans. Malgré l'augmentation du prix des denrées alimentaires et des autres choses nécessaires à l'entretien, on épargnerait probablement aujourd'hui plus facilement qu'autrefois si l'on avait conservé les habitudes de simplicité austère et de rigoureuse économie jadis en honneur dans les ménages de travailleurs, et il est trop certain que les gaspillages, la mauvaise tenue des ménages, le vice quelquefois, sont des causes de misère; mais il demeure vrai qu'on trouve telle usine, telle industrie, telle maison de commerce, tel atelier où l'ouvrier économe et rangé ne peut pas, avec le produit de son travail, vivre et faire vivre honnêtement les siens.

sur leur capital, alors que le pauvre ouvrier, qui donne toutes ses sueurs et toute la force de ses muscles, obtient tout juste de quoi ne pas mourir de faim. Je voudrais bien savoir comment on peut justifier devant la conscience ces gains immoraux, et montrer qu'ils ne constituent pas cette usure dévorante, *usura vorax*, flétrie par Léon XIII.

Les exemples abondent. En voici un que vous connaissez.

Il y a, dans les villages du Livradois, des légions de jeunes filles, alertes et vives sous leur petit bonnet blanc, et qui, tout le long du jour, assises à leur fenêtre ou sur le pas de leur porte, lancent entre leurs doigts habiles les fuseaux sonores pour tisser la passementerie, ou qui, l'aiguille légère à la main, un grand carreau sur les genoux, font de la broderie. Ah! on est heureux quand arrive une commande nouvelle : car le sol est infécond et donne peu; les familles sont nombreuses; souvent le produit de la dentelle est la principale ressource de la maison. Aussi la petite ouvrière ne chôme pas : elle parle, elle rit, elle chante : les cœurs purs sont toujours pleins de chansons; mais sa main est infatigable, et son regard toujours attentif.

Enfin la fleur se forme, elle grandit, elle se développe, elle s'épanouit. En voici dix, vingt, et on les ordonne, on les applique, et l'on obtient ce tissu léger dont vous aimez tant, mesdames, la fine élégance et les ondulations délicates : la dentelle.

Que vaut le fil? Que vaut le dessin? Le total de ces deux chiffres représente le capital engagé, la mise du patron. Mettons qu'elle soit d'un louis, — et vous avez payé la dentelle vingt louis! D'où vient la plus-value, sinon du travail de l'ouvrière? C'est donc à elle que vont aller les dix-neuf louis? Elle en aura tout au moins une grosse part? — Vous savez ce qui se passe : le patron encaisse cet argent et donne à l'ouvrière quelques gros sous, soixante-quinze centimes par jour, dit-on, si elle est expérimentée et habile; cinquante centimes, si elle n'est pas rompue à son métier.

Il serait facile de faire un examen analogue pour d'autres industries plus importantes, où une matière brute, fécondée par la sueur de l'ouvrier, se transforme et se perfectionne, et où elle acquiert une valeur vénale hors de toute proportion avec le salaire.

Est-ce juste, cela, et croyez-vous que tous ces humbles, qu'on tient pour taillables et corvéables

à merci, n'amassent pas dans leur sang des flots
de colère contre les artisans de ces exploitations?

Le pape nous découvre les dernières racines
du mal social, quand il ajoute : « L'affluence des
richesses entre les mains d'un petit nombre,... les
exigences de l'industrie contemporaine,... l'opinion plus grande que les ouvriers ont conçue
d'eux-mêmes et leur union plus compacte, toutes
ces causes, sans parler de la corruption des
mœurs, ont eu pour résultat final un redoutable
conflit. »

On a été surpris, catholiques et incroyants ont
tendu l'oreille, quand ils ont entendu le pape
parler du scandale des fortunes colossales et du
danger social créé par les accapareurs. « L'Église,
a-t-on dit, est devenue socialiste; elle fait fi du
droit de propriété! »

Le droit de propriété est inattaquable, et l'Église
l'appuie énergiquement, pourvu qu'il s'agisse de
richesses légitimement acquises et possédées sans
péril pour l'intérêt public.

Mais quand leur accumulation, produit de l'accaparement, du monopole, de l'agiotage, du vol enfin sous des formes peut-être légales, mais illicites, dépasse toute mesure raisonnable; quand elle stérilise au profit d'un seul le sol, le commerce, l'industrie; quand elle amoindrit et menace de ruiner la prospérité publique, comment en démontrera-t-on, par d'invincibles arguments, la légitimité? Comment justifiera-t-on cet amoncellement inutile et redoutable?

Vous pouvez, assurément, faire de grands achats de blé, si vous êtes marchand, et remplir vos greniers. Mais il y a une limite où vous cessez d'être marchand pour devenir accapareur, et où vous créez un monopole périlleux pour le bien public [1]. C'est alors le droit, c'est le devoir de la société de s'opposer à votre entreprise, de

---

[1] Il y a monopole quand un produit échappe à la libre concurrence et ne peut être offert que par un vendeur ou un groupe restreint de vendeurs. La loi, la nature et la cupidité créent des monopoles : la fabrication et la vente des allumettes, de la poudre, du papier timbré, sont, en France, des monopoles légaux. La production du vin de sauterne est un monopole naturel, le Sauterne ne pouvant pas être tiré de tous les vignobles. L'accaparement du blé, du pétrole, de l'acier, par de puissantes sociétés de capitaux (comme, par exemple, les *trusts* des États-Unis), est un monopole créé par la cupidité : on achète toute la quantité existante de telle ou telle marchandise, et on la revend ensuite au prix qu'on veut, puisqu'on a supprimé la concurrence. Ce genre de monopole est le principe de grandes fortunes qu'il serait difficile de juger légitimement acquises.

rétablir l'équilibre rompu, et de rendre leur circulation normale aux richesses que votre cupidité a entassées.

On ne l'a point fait en temps opportun. Des
fortunes colossales, plus que princières, telles
que les rois les plus puissants n'en possédaient
pas de pareilles, se sont concentrées en quelques
mains. Il en est résulté l'appauvrissement des
masses, et, par suite de cet appauvrissement,
leur exaspération.

De là les colères formidables qui éclatent contre
les Juifs. On croit qu'elles s'adressent aux Juifs
fils d'Abraham, d'Isaac et de Jacob; c'est une
erreur. Elles s'élèvent contre les Juifs, fils de
Mammon, contre les accapareurs, contre les
exploiteurs de la misère des foules. Qu'importe
au peuple qu'ils soient baptisés ou circoncis! La
haine les poursuit, non pas à cause du Dieu
qu'ils adorent, mais des attentats qu'ils commettent.

Les exigences de l'industrie moderne sont une
nouvelle cause de l'altération des rapports entre
ouvriers et patrons.

Dans l'ancienne industrie, chaque maître diri-
geait un petit nombre d'ouvriers. Il les connaissait, s'intéressait à leur sort et à leurs familles;

il les aimait, et le patronat était dans son cœur une paternité. Dans l'industrie moderne, les ouvriers se comptent par milliers. Où est le patron? Je ne vois plus que des actionnaires, paisiblement assis en leurs salons, et qui se bornent à juger du rendement par des circulaires périodiques et à palper les intérêts de leurs capitaux. Quant au chef, au père, les ouvriers ne le voient plus que sous la forme d'un chef d'atelier qui sacre, d'un contremaître qui leur inflige des observations et des amendes, d'un directeur qui, de loin en loin, passe dans leurs rangs, le front haut, la parole brève, le regard sévère. Est-ce assez pour qu'ils se sentent gagnés à cet homme et qu'ils lui donnent des trésors de tendresse?

« L'opinion plus grande que les ouvriers ont d'eux-mêmes et leur union plus compacte » sont des causes nouvelles qui aggravent la guerre sociale.

Sous la poussée continue et victorieuse des idées chrétiennes, ils ont cessé d'être un bien, une chose, un outil, comme dans le paganisme; ils ont pris conscience d'eux-mêmes. Physiquement, ils ne le cèdent pas aux riches : ils ont la même force musculaire, peut-être une force plus grande.

Intellectuellement, ils sont aussi bien doués que les rois. Dieu et la nature ne les ont donc pas établis dans un état d'infériorité. Ils ont compris qu'ils ont les mêmes droits que le reste des hommes, et ils n'ont trouvé ni dans les données de la raison, ni dans celles de l'Évangile, d'objection décisive contre ce sentiment.

Les lois civiles leur ont reconnu ces droits, et, à part quelques injustices qu'elles répriment encore imparfaitement ou qu'elles ne répriment pas, elles les ont protégés.

Pour arriver à corriger ces injustices, d'un pays à l'autre, d'un bout du monde à l'autre, les ouvriers se sont unis. En ont-ils le droit? Évidemment, oui. Comment les en empêcher? Ce serait inique et impossible. Ce serait attenter à un droit et attiser inutilement des haines qu'il est plus sage d'apaiser.

Enfin, « ce qui aggrave le conflit, dit le pape, c'est la corruption des mœurs. »

Comment cela peut-il se faire?

C'est tout simple.

Le vice est ruineux. Que de fois ne ruine-t-il pas le riche, tout en le déshonorant! Il a vite fait d'absorber le salaire de l'ouvrier. C'est qu'il ne peut vivre que par l'or. Tout homme vicieux désire donc l'or, et il le désire dans la mesure où il est vicieux.

Pour l'ouvrier, qui n'est retenu ni par les habitudes de son milieu, ni par les influences d'une bonne éducation, il n'y a qu'une barrière qui contienne les emportements du vice : c'est la religion. Si vous la supprimez, il n'y a plus de frein. Il ne reste qu'une loi, la loi de l'animalité, l'instinct de la bête fauve.

Et si cet instinct est contrarié, il s'irrite, il s'exalte jusqu'à la colère, jusqu'à la fureur; c'est alors que le lion se précipite, avec une rage puissante, contre les barreaux de sa cage, ou que, s'il le peut, il se jette sur sa proie.

Que faire pour résoudre le conflit qui divise les patrons et les ouvriers?

La société a sa méthode : elle fait des lois; elle prépare une police vigilante, des prisons, des bagnes; puis elle s'endort en disant : « Soyons en paix. »

La société se trompe. Elle espère contenir avec des menaces et des pénalités le grand peuple des travailleurs, ne prenant point garde que la force matérielle est impuissante à maîtriser une multitude qui n'a pas de frein moral. Souvenez-vous de ce qui se passa pendant la grande Révolution.

Il y a un siècle, — ce n'est pas bien long, un siècle, dans l'histoire de l'humanité, — le peuple exaspéré aspirait à détruire l'ordre social comme il y aspire aujourd'hui. Il disait : « Plus de corvées ! » comme on dit : « Plus d'impôts ! » « A bas la noblesse, les aristocrates ! » comme on dit : « A bas les patrons et les bourgeois ! » Au peuple on opposa la force ; elle fut renversée. On lui opposa la bonté ; il n'en fut pas touché.

Un seul moyen fut négligé : revenir à Dieu, rapprendre à la multitude l'Évangile qu'elle avait oublié, lui faire comprendre que les doctrines des sophistes ne pouvaient qu'ajouter à sa misère et accroître ses souffrances.

On ne prit pas ce moyen ; soit par dédain, soit par oubli, on ne le prit pas, et quelque temps après le peuple, déchaîné, furieux, secouait de ses puissantes mains l'édifice social et finissait par le jeter à terre. Puis, non content d'avoir fait ces ruines, enivré de vengeance, il les ensanglantait. La guillotine était debout, et les têtes, pêle-mêle : têtes des rois, têtes des puissants,

têtes des prêtres, des aristocrates, des bourgeois, tombaient dans le panier sinistre.

A plusieurs reprises, durant le dernier siècle,
on a tenté de renouveler ces horreurs; les bêtes
fauves de la Révolution sont sorties de leurs
antres, la gueule rouge ouverte, les crocs dressés,
prêtes à bondir. Les balles et la mitraille les y
ont fait rentrer, — et aujourd'hui nous disons :
« C'est fini. »

Je ne suis pas prophète, ni ne désire l'être en
ces tristes jours. Mais je ne crois pas que nous
puissions dire : « C'est fini. » Il est facile de
voir que de nouveau le peuple s'agite comme
le lion qui a faim, et qu'il est pressé de se ruer
encore au carnage. Aujourd'hui comme jadis,
des agitateurs politiques enflamment les passions
de la multitude, des rêveurs font briller à ses
yeux de chimériques espérances, des ambitieux
gagnent ses sympathies en se drapant dans le
manteau du bien social; aujourd'hui comme jadis,
les travailleurs sont irrités, exaspérés contre toute
autorité légitime; aujourd'hui comme jadis, les
classes élevées sont bonnes, dévouées, mais imparfaitement chrétiennes, amies du plaisir, et elles
ne songent pas à faire à Dieu un appel décisif.

Et si les mêmes causes doivent produire les
mêmes effets, si la foule irritée et meurtrie de

ceux qui gagnent leur pain vient à se déchaîner,
plus heureux que vos pères, l'arrêterez-vous? en
triompherez-vous?

Oui, si Dieu est vraiment avec vous. Sinon,
préparez-vous à mourir.

Mettez donc Dieu avec vous.

Malgré tous les pronostics contraires, malgré
la gravité du mal, vous pouvez être sauvés; mais
à deux conditions : la première, c'est que vous
rendiez à l'ouvrier sa vieille foi, que vous rem-
placiez dans son intelligence les doctrines creuses
dont on l'a saturé, par la doctrine catholique, que
vous arriviez promptement à imprégner le travailleur de la connaissance de Dieu et de son
amour. La seconde, — mes frères, écoutez-moi
bien, — c'est que vous arriviez promptement à
vous imprégner vous-mêmes de cette connaissance
et de cet amour, vous qui formez les autorités
sociales, que vous renonciez à établir une alliance
impossible entre vos mondanités et la religion,
que vous n'amoindrissiez pas notre foi pour la
mettre en harmonie avec votre égoïsme et vos
passions, que vous cessiez d'être des demi-chrétiens pour devenir de vrais chrétiens, de vrais
fils de l'Évangile, de vrais serviteurs et des apôtres
de Jésus-Christ.

II

Nous avons vu le mal, nous en avons étudié les causes ; il importe d'en chercher les remèdes.

Un écrivain caustique, mais observateur avisé, a dit : « Arrêtez le premier Français venu dans la rue ; demandez-lui comment il faut gouverner la France, même l'Europe ; il vous répondra : il a son système tout prêt. »
Elles sont nombreuses, en effet, les méthodes qu'expose l'économie sociale ; chacune a ses partisans qui la tiennent pour la seule panacée victorieuse.
Nous avons, nous, catholiques, notre système aussi pour parer aux dangers de la question sociale. Je le crois excellent, le seul excellent, le seul efficace. Je puis l'exposer sans prétention, car il est tiré tout au long de l'Évangile.
Il vous demande de résoudre la question des rapports entre patrons et ouvriers, non pas dans le monde, non pas même en Europe, mais autour

de vous, partout où atteindra votre cœur, en faisant rentrer la religion dans les âmes.

Les divisions présentes, nous l'avons vu, sont le fruit de l'irréligion. Devenu impie, sans foi, sans espérance, l'ouvrier s'irrite, s'exaspère. Le patron s'endurcit; livré à l'égoïsme, il ne voit plus que son intérêt propre; pour le réaliser, il dépasse toute mesure et broie le faible. Le salut de l'ouvrier, le salut du patron, le salut de la société est donc dans le retour aux principes religieux.

Or il appartient au prêtre de prêcher les principes religieux. C'est vrai, et je n'y contredis pas. Prêcher les principes religieux, enseigner à tout venant ce que nous avons appris, c'est notre mission, et nous sommes prêtres dans la mesure où nous la remplissons. Mais ce soin n'incombe pas au prêtre seulement; il incombe à tout catholique. Or mes contemporains n'ont-ils pas une tendance marquée à se désintéresser de ce devoir, et leur apostolat ne se borne-t-il pas le plus souvent à nous regarder faire?...

Et cependant, vous aussi, vous devez prêcher la loi religieuse et ses principes, par vos paroles, par votre influence, par vos exemples. Vous le devez au bien public et au bien de ceux qui travaillent pour vous: Écoutez, je traduis saint Paul : « Si quelqu'un d'entre vous vit sans se soucier des siens et surtout de ses domestiques, il a renié la foi, *fidem negavit ;* il est pire qu'un infidèle, *est infideli deterior.* »

Direz-vous que saint Paul a outré les choses, qu'il a exagéré la doctrine de Jésus? Quand il s'agit d'un prédicateur, cet argument nous met facilement à même d'échapper aux influences d'une parole qui nous semble gênante; mais nous ne saurions sans doute en faire usage avec le même succès contre les enseignements de saint Paul.

Et cependant je voudrais bien savoir ce que font un trop grand nombre de patrons pour le bien moral, pour l'âme de leurs ouvriers? A peu près ce qu'ils font pour les bêtes de somme qu'on emploie ou pour les machines qu'on active dans leur usine.

Les paroles, si persuasives qu'elles soient, ne suffisent pas à remplir ce devoir; il faut y mettre des exemples. Un économiste célèbre [1] a dit que toute la solution de la question sociale réside

---

[1] LE PLAY.

dans l'observation des commandements de Dieu. Il est évident que si tout le monde observait la loi divine, la terre redeviendrait un Éden. L'ouvrier serait probe, laborieux, docile, économe, dévoué; le patron serait juste, charitable, généreux; ils tiendraient l'un et l'autre pour sacrés leurs droits mutuels. Ce qui importe, c'est donc que l'ouvrier connaisse et observe la loi divine; mais c'est d'abord que ceux-là se mettent résolument à la pratiquer, d'où doit descendre l'exemple. La loi religieuse prêchée ne.peut rien pour dompter l'égoïsme et apaiser les haines. C'est la loi religieuse observée, pratiquée, qui est nécessaire. Ce qu'il faut, c'est donc que les patrons, les riches, sachent courageusement mettre en œuvre cette loi rédemptrice, qu'ils s'oublient, ne reculent pas devant le sacrifice, qu'ils cessent de s'en tenir à un christianisme d'étiquette, sans profondeur, sans influence sur le gouvernement de la vie, pour pratiquer le christianisme intégral.

Si les patrons pratiquent le christianisme intégral, ils aimeront leurs ouvriers : car c'est le précepte fondamental, et je n'en vois point qui se détache mieux dans l'Évangile.

Je ne vous citerai qu'un passage de ce livre sacré. Il y faut revenir sans cesse : cette seule parole est la clef de toutes les difficultés qui divisent les capitalistes et les travailleurs.

« Maître, demandait à Jésus un des docteurs de la loi, quel est le plus grand des commandements? »

Jésus dit : « Vous aimerez le Seigneur votre Dieu de toute votre âme. Voilà le plus grand et le premier commandement. »

Et sans attendre une question nouvelle, il ajouta : « Le second est aussi grand que le premier : Vous aimerez vos frères comme vous-même. »

Ces quelques paroles valent mieux infiniment que tous les cours d'économie sociale. Il n'y a pas de savant, ni de tribun et d'agitateur politique, qui ait trouvé une meilleure et plus sublime formule. Sa réalisation mettrait fin à toutes les injustices, à toutes les rancunes, à toutes les divisions; elle ferait de ce monde, livré à la haine, un séjour enchanté où le premier souci de tout homme serait de travailler au bonheur de son prochain.

Pensez à la gravité de ce précepte. Imbus que nous sommes des idées évangéliques, nous le trouvons tout simple. Mais si vous l'entendiez promulguer pour la première fois, c'est pour de bon, assurément, que vous me diriez socialiste et que vous m'accuseriez de pousser jusqu'à des limites extrêmes la partialité en faveur de l'ouvrier. Cet ouvrier, ce petit, ce plus petit d'entre tous, c'est votre frère; plus encore, c'est Dieu, Dieu incarné dans une chair souffrante. La nature humaine m'avait dit : « L'ouvrier est ton égal; aime-le comme ton égal. » Ce n'était pas assez. Le Christ est allé plus loin par ce commandement qui fait peur, qu'on ose à peine répéter.

O Christ, qui avez fait entendre, au sein de l'égoïsme antique, ce langage rédempteur, vous qui, par ces mots sacrés, avez relevé les humbles de leur état d'abjection et de servitude, redites ici votre précepte, redites-le, et qu'il pénètre ces âmes jusqu'en leurs profondeurs : « L'ouvrier, c'est moi, votre Dieu ! Ce que vous faites à l'ouvrier, vous le faites à moi, votre Dieu ! Ce que vous lui refusez, vous le refusez à moi, votre Dieu ! »

Voilà la doctrine catholique, ce qu'elle dit très haut en se retournant vers le riche. Si vous la regardez de près, vous verrez qu'il n'y a pas de socialisme, de collectivisme, de doctrine humaine qui l'égale en audace et en netteté.

Si vous aimez l'ouvrier, si vous voulez en être les pères, non les maîtres ou les exploiteurs, vous vous intéresserez à tout ce qui peut améliorer son sort, et vous favoriserez toutes les entreprises qui ont pour but d'accroître son bien-être.

Longtemps, trop longtemps, les catholiques n'ont pas pris une part assez prépondérante à ces généreuses tentatives. Les grèves sanglantes, les violences auxquelles de coupables agitateurs ont poussé la classe ouvrière avaient compromis aux yeux des âmes les plus dévouées la plus sainte des causes. Il est temps de revenir entièrement aux habitudes de nos origines et d'apparaître à tous comme les protecteurs nés de ceux qui souffrent, de donner l'exemple de toutes les concessions possibles aux travailleurs, de ne plus repousser en bloc toutes leurs demandes.

Prenons-y garde : l'ouvrier qui s'adresse à nous, ce n'est pas seulement l'ouvrier révolté, débauché, l'anarchiste, le professionnel de la grève; c'est l'ouvrier honnête, laborieux, loyal, qui veut obtenir le respect de ses droits, de tous ses droits, sans léser les droits du patron.

Que demande-t-il? Non pas de nationaliser tous les biens, d'en faire une égale répartition, de détruire de fond en comble l'ordre social et de le rétablir sur d'autres bases; ce serait un crime ou une utopie. Ses désirs sont plus sensés et moins irréalisables.

Il vous demande d'établir une proportion équitable entre son salaire et son travail, de fixer un minimum de salaire[1], de ne pas violer les règlements sur la durée du travail, de traiter en toutes choses avec l'ouvrier comme un homme doit traiter avec son semblable, ou plutôt un chrétien avec son frère.

Il est même arrivé qu'il a demandé une participation aux bénéfices. Ni la charité, ni la justice ne sauraient condamner ce désir. Il est d'une exécution difficile, j'en conviens; mais tant de patrons catholiques ont déjà résolu ce problème avec un tel succès, qu'il est bien permis de croire que les patrons libres penseurs pourront les imiter,... quand ils le voudront bien.

Cette réforme décisive ne réconcilierait-elle pas le capital et le travail? Ne rendrait-elle pas

---

[1] Le minimum de salaire serait une limite au-dessous de laquelle la loi ne permettrait pas que le salaire descendît. Cette mesure, sur laquelle on a beaucoup discuté, protégerait l'ouvrier contre l'exploitation ; mais il est facile de voir qu'elle ne saurait être établie sans difficultés : le minimum de salaire ne pourrait pas être le même pour toutes les professions. Il devrait être réglé sur le coût de la vie, et certaines professions obligent à dépenser plus que d'autres, soit pour la nourriture, soit pour le vêtement.

désormais impossible l'antagonisme des ouvriers et des patrons, dont les intérêts seraient ainsi confondus?

En tout cas, la morale chrétienne ne s'oppose pas à cette institution; elle l'encourage plutôt et elle la bénit, puisqu'elle encourage et bénit, dans le riche, le sacrifice et la charité.

Tous les catholiques ne sont pas en situation d'avoir une influence considérable dans les entreprises qui se proposent d'améliorer la situation des ouvriers; mais tous peuvent et doivent ne pas profiter de ses besoins, du chômage, de la concurrence, pour lui imposer des salaires de famine.

Cela, Dieu même a pris la peine de le leur défendre, et la Bible, la vieille Bible nous l'apprend à chaque page. A chaque page, elle nous fait entendre le cri de Dieu en faveur du faible.

« Vous ne refuserez pas le salaire du besogneux et de votre frère pauvre; mais le jour même, avant que le soleil ne se couche, vous lui rendrez le prix de son travail, parce qu'il est pauvre et qu'il en a besoin pour soutenir sa vie... Prenez garde qu'il ne crie à Dieu contre vous[1]! »

____

[1] *Deut.*, XXIV, 14 et 15.

« Celui qui répand le sang et celui qui enlève le salaire de l'ouvrier sont frères à mes yeux[1]. »

« Le pain de l'ouvrier est le pain du pauvre. Celui qui le vole est un homme de sang[2]. »

« Si, poussé par le besoin, un de vos frères, — l'Écriture ne trouve pas que ce soit assez d'appeler l'ouvrier : camarade, ou même de l'honorer du nom de citoyen ; elle veut que les rois eux-mêmes le nomment : mon frère; — si, poussé par le besoin, un de vos frères se vend à vous, ne l'écrasez pas comme un esclave; qu'il soit votre ouvrier, mais ne l'affligez point par votre puissance. Prenez garde ! Ce sont mes serviteurs[3]. »

« Si vous achetez à un de vos frères ou si vous lui vendez, ne l'attristez point ; mais que vos prix soient justes[4]. »

La loi nouvelle, plus encore que l'ancienne, nous impose le devoir de ne pas frustrer l'ouvrier d'un salaire équitable. Elle nous ordonne de le traiter comme un frère, par conséquent, non plus seulement avec justice, mais avec une généreuse charité.

[1] « Qui effundit sanguinem et qui fraudem facit mercenario fratres sunt. » (*Eccl.*, II et seq.)

[2] « Panis egentium vita pauperum est : qui defraudat illum homo sanguinis est. » (*Eccl.*, xxiv.)

[3] *Lév.*, xix, xxv, xxxix.

[4] *Lév.*, xxv, 14.

Catholiques, mettez en pratique ce commandement, base du christianisme. Quelle que soit votre position sociale, la nécessité vous met souvent en rapport avec l'ouvrier. Si vous n'avez pas à traiter avec une multitude de travailleurs dans une usine ou dans un atelier, vous avez des relations inévitables avec les divers corps de métier : dans votre magasin, avec des employés; dans votre maison de couture, avec des brodeuses, des lingères; en maintes occasions enfin, avec des petits et des humbles qui vous portent le secours de leurs bras. Quand vous fixez leur salaire, je ne vous demande pas d'être justes; cela, c'est votre devoir rigoureux, c'est leur droit absolu; allez plus loin, songez que vous avez affaire à votre frère et ne l'affligez point : *Ne contristes fratrem tuum*. Songez que vous avez affaire à Jésus-Christ, et que, si vous exploitiez l'ouvrier, parce que le chômage ou la concurrence vous l'ont livré à merci, ce serait Jésus-Christ que vous exploiteriez. Et alors, par amour pour votre frère, par amour pour Dieu, vous ne serez ni durs ni égoïstes, vous ne serez pas seulement justes, vous serez donnants et généreux...

Ne pas imposer à l'ouvrier un salaire de famine, rémunérer son travail avec justice, même avec bonté, c'est bien; mais ce n'est pas assez. C'est un devoir social de verser sans retard le salaire qui a été gagné.

Hélas! c'est trop souvent un devoir oublié. Sous le prétexte le plus futile, pour éviter un dérangement insignifiant, on fait revenir deux et trois fois l'humble créancier qui comptait sur une rentrée certaine. Il n'ose se plaindre, le malheureux! La concurrence est effrénée, et il perdrait sa clientèle. Il dévore donc en silence son humiliation et son chagrin.

Mais le patron qui les lui impose se rend coupable de dureté, et la loi divine le condamne. « Tu ne devais pas, dit le Lévitique, faire attendre au journalier le prix de sa journée jusqu'au lendemain[1]. » — « Vous avez amassé contre vous, dit l'apôtre saint Jacques, des trésors de colère pour le dernier jour : le salaire que vous n'avez pas payé crie contre vous, et cette clameur est entrée dans les oreilles du Tout-Puissant[2]. »

Encore une fois, le monde ne pense pas toujours ainsi, et il ne se gêne guère pour imposer

---

[1] « Non morabitur opus mercenarii tui apud te usque mane. » (*Lév.*, XIX, 13.)

[2] *Jac.*, V. 1-4.

à l'ouvrier tous les retards que désire le caprice ou la cupidité.

Ces retards sont toujours une indélicatesse, et ils peuvent devenir une injustice contre l'homme, ouvrier ou marchand, dont l'existence est précaire. S'il n'a pas de réserve, — et combien de familles ouvrières subsistent au jour le jour ! — de quoi vivra-t-il tandis que vous détenez ce qui lui appartient ? S'il en a, de quel droit l'obligez-vous à la consommer ? Dans les deux cas, pourquoi lui imposez-vous une gêne, peut-être une souffrance ?

Il est donc contraire à toute équité naturelle comme à toute religion de ne payer ses notes qu'à des époques reculées. Et pourtant, dans notre société fort oublieuse des délicatesses que la foi inspirait à nos pères, n'est-ce pas la coutume ? Il y a tant de gens qui la suivent, que si la mode venait à s'établir, a-t-on dit, d'attacher aux vêtements neufs la facture, ordinairement elle ne serait pas acquittée, et je crois même que bon nombre de parures déjà défraîchies et de toilettes fanées auraient encore leur étiquette.

Aimer l'ouvrier, payer son travail largement et sans retard, désirer l'amélioration de son sort et y travailler, c'est beaucoup; ce serait peu, si vous ne faisiez pas ce qui donne à ces dévouements leur fécondité, si vous ne traitiez pas directement et personnellement avec l'ouvrier, si vous n'alliez pas à lui.

Il est assez ordinaire que les gens de qualité ne se commettent pas avec les ouvriers. N'ont-ils donc pas un gérant, un valet de pied, gens dociles et humbles, dont la fonction est de transmettre des ordres?

Cette coutume antichrétienne est cause, pour une très grande part, des divisions sociales dont nous souffrons.

Je sais que beaucoup de patrons, beaucoup de fortunés sont bons, généreux, prompts à la pitié. Ils viennent généreusement en aide à toutes les misères qui les entourent; ils répondent à tous les cris de détresse, et je dois, pour ma part, leur rendre le témoignage que je n'ai jamais fait appel à leur bourse sans qu'elle s'ouvrît en faveur des malheureux.

D'où vient donc qu'un si grand nombre d'ouvriers regardent les riches comme des hommes durs, égoïstes, rapaces, sans entrailles, incapables d'un mouvement généreux et d'un acte de bonté?

D'où vient qu'ils les ont en aversion et qu'ils

méditent contre eux de sanglantes vengeances?

Vous ne pouvez donner à cet état d'esprit qu'une explication : ils ne les connaissent pas.

Vous n'allez pas jusqu'à l'ouvrier; vous n'avez avec lui aucun contact sérieux; vous ignorez l'escalier de sa mansarde; vous n'entrez pas dans sa chaumière; vous ne vous asseyez pas sur sa chaise de paille, devant sa table de bois nu. Et quand il est sous votre toit, qu'il répand ses sueurs pour vous, c'est par des domestiques que vous lui donnez vos ordres. Vous allez bien voir vos terres et vos chevaux, et vos chiens, que vous caressez même. Mais l'ouvrier, quand vous voit-il? Quand se sent-il votre frère? Ah! il vous voit, mais c'est quand vous passez dans votre équipage rapide, et lui marche nu-pieds sur les cailloux. Il vous voit, mais c'est à travers vos croisées brillantes, dans le tourbillonnement de vos fêtes, dans la splendeur de vos salons, et lui n'a qu'un taudis humide, mal éclairé, mal aéré, moins confortable que vos chenils et vos étables. Il vous voit, mais c'est dans la rue, mesdames, quand resplendissent vos toilettes brillantes, vos dentelles, la soie de vos robes, l'or de vos bijoux, et lui n'a que des vêtements sordides, et il sent dans ses entrailles l'aiguillon de la faim. Il va bien quelquefois jusqu'à votre demeure ; mais c'est un laquais qui le reçoit, le front haut, l'air maussade, la parole sèche et brève, et qui le laisse là, tout timide, tout honteux, tout tremblant, sur le seuil, devant la porte close.

Ne dites pas que je dépasse toutes les bornes, que je demande des choses excessives, que j'incline manifestement vers le socialisme, — et tout le reste que nous connaissons. Le socialisme, c'est bien autre chose, et vous n'ignorez pas, en somme, que tout ce que je veux, tout ce que je souhaite, c'est remplacer en vous les doctrines du monde par celles de Jésus-Christ, faire pénétrer dans les âmes des sentiments plus évangéliques, y mettre plus de justice et de vérité. Je suis autrement modéré que l'Évangile. Ah ! il est bien oublié, l'Évangile, depuis qu'on en cherche l'interprétation, non pas sur les lèvres de l'Église et du sacerdoce catholique, mais dans les journaux du boulevard, il est bien oublié ; et je crois fort que vous jugeriez digne d'être lapidé tout prêtre qui, en ce difficile problème, irait aussi loin que ce livre terrible.

« S'il entre dans vos réunions, dit l'apôtre saint Jacques, un homme portant un anneau d'or au doigt et un vêtement riche, et, en même temps que lui, un pauvre dans ses haillons, et que vous disiez au riche : « Asseyez-vous à la première place, » et que vous disiez au pauvre : « Vous, demeurez là, » ou bien : « Asseyez-vous sur cet escabeau, à mes pieds, » frère, vous vous êtes condamné vous-même, vous avez accompli le péché, et la loi vous repousse comme un violateur [1]. »

Cela est fort, et beaucoup estimeraient sans doute que l'apôtre saint Jacques aurait été un bien mauvais professeur de politesse. C'est de l'Évangile cependant, c'est-à-dire la parole de Dieu, et je ne fais qu'en traduire l'enseignement.

Après tout, je comprends sans peine que l'Évangile ait tenu ce langage, qu'il insiste sur ce devoir : traiter avec l'ouvrier, voir l'ouvrier, vous faire connaître de lui tels que vous êtes : bons, justes, généreux, bienfaisants, ce serait le remède spécifique de nos maux, la réponse efficace à toutes les diatribes des tribuns, le moyen de conquérir le respect et l'affection des prolétaires et de les détourner des aventuriers qui les trompent et qui exploitent leur crédulité.

C'est un prétexte courant de dire que le temps manque pour l'exercice d'une telle charité.

[1] *Ep. S. Jac.*, c. ii, v. 2 et seq.

Mon Dieu, il est incontestable qu'il y a une foule de personnes extrêmement occupées; mais les saints, des rois, des reines, qui se mettaient en contact chaque jour avec les petites gens, étaient occupés aussi, jamais au point de manquer de temps.

Ce qui est vrai, c'est qu'on gâche communément beaucoup de temps, qu'on l'emploie à ne rien faire ou à faire des riens. A parler franchement, qu'est-ce que la vie d'un grand nombre? Un désœuvrement presque continuel. Pour leur maison, ils ont un intendant; pour leurs terres, ils ont des fermiers ou des régisseurs; pour leurs chevaux, ils ont des valets; ils ont des veneurs pour leurs chiens; ils ont des précepteurs pour leurs fils; pour leur portefeuille, ils ont des notaires ou des banquiers. Et eux, que font-ils? Ils vont au cercle, ils chassent, ils mènent le cotillon tout le carnaval et une grande partie du carême, et ils attendent ainsi l'heure où la fête sera finie.

Est-ce la vie d'un chrétien, cela, d'un chrétien qui doit être inspiré par le dévouement, dont la charité veut être conquérante, dont le cœur a besoin de se sacrifier pour Dieu et pour l'humanité; dont les bras enlacent l'univers?

Il y a un empêchement plus sérieux aux rapports directs du patron avec les ouvriers, surtout dans la grande industrie.

Autrefois un patron n'employait qu'un petit nombre d'ouvriers. Aujourd'hui, dans la même usine, ils sont mille, dix mille parfois, véritables légions embrigadées comme des régiments, avec toute une hiérarchie de chefs. Comment connaître et aimer cette foule?

Supposons, pour un moment, qu'il n'y ait qu'un ouvrier, et que vous en êtes le maître. Quelle sera votre manière d'être envers lui?

Si cet ouvrier, votre ouvrier devient malade, le ferez-vous soigner? — Il est pauvre et vous êtes riche, fort riche. Oui, vous le ferez soigner.

Pendant ce temps, laisserez-vous sa femme sans pain, ses enfants sans instruction, sans surveillance, sans nourriture? Non, assurément; vous veillerez à ce que sa famille souffre le moins possible de son absence, tout au moins à ce qu'elle ait du pain.

Si vous voyez que cet homme incline à devenir victime de vices ou de doctrines malfaisantes, vous désintéresserez-vous de lui au point de ne pas le prémunir contre le danger, de ne pas le rappeler au respect de sa dignité et au sentiment de son devoir? Vous le protégerez contre le mal, vous veillerez sur sa moralité, vous ferez office de père envers lui.

Quand il aura vieilli à votre service, le renverrez-vous, le chasserez-vous comme une bête de somme désormais inutile? Non, assurément, vous ne chasserez pas ce vieillard sans ressources.

Vous iriez plus loin encore dans la bonté : cet ouvrier, votre ouvrier, vous ne voudriez pas l'accabler par un travail excessif, ni spéculer sur ses sueurs, ni lui donner un salaire de famine?

Eh bien, vos ouvriers sont mille, et le patron est cette entité abstraite qui s'appelle la Compagnie. Que devra-t-elle faire?

Exactement ce que vous faisiez pour un seul ouvrier. Elle réunira en un total toutes ces fractions d'amour, et elle en fera sortir tout un ensemble d'institutions bienfaisantes qui prouveront à l'ouvrier le dévouement du maître : écoles, caisses de secours, caisses d'assurances contre le chômage ou la maladie, pensions pour la vieillesse ou les enfants orphelins, œuvres d'assistance aux ouvriers blessés ou infirmes, conseils de conciliation. Elle s'intéressera au sort moral des ouvriers, procurera l'instruction à leurs enfants, les soustraira à l'influence de la mauvaise presse, des sociétés secrètes, de l'anarchie, les protégera contre l'alcoolisme et la dépravation.

Et alors l'ouvrier cessera de s'irriter contre le maître invisible qui ne lui apparaîtra plus sec, indifférent, sans entrailles. Il cessera de haïr son usine comme un bagne où il est obligé de traîner son boulet; il commencera à l'aimer comme un foyer où l'on trouve tous les bienfaits de la famille.

Le devoir d'un patron chrétien, la nature le lui impose bien plus encore que la foi : c'est de ne pas admettre dans son usine, son atelier, son magasin, des enfants voués à un travail qui brise leur santé et qui en fait pour toujours des êtres chétifs et amoindris.

C'est un usage de plus en plus accrédité dans notre société semi-païenne d'appliquer les enfants à des travaux accablants, au grand détriment de leur formation physique et de leur éducation morale.

Où vont-ils, ces enfants dont pas un seul ne rit ?
Ces doux êtres pensifs que la fièvre maigrit;
Ces filles de huit ans qu'on voit cheminer seules ?
Ils s'en vont travailler. . . . .
. . . .
. . . . Tout est d'airain, tout est de fer.
Jamais on ne s'arrête et jamais on ne joue.
Aussi, quelle pâleur ! La cendre est sur leur joue.

> Il fait à peine jour, ils sont déjà bien las.
> Ils ne comprennent rien à leur destin, hélas !
> Ils semblent dire à Dieu : « Petits comme nous sommes,
> Notre Père, voyez ce que nous font les hommes. »

Des enquêtes ont révélé qu'en plein pays civilisé, en plein pays de France, il s'est trouvé des usines et des ateliers où de pauvres petits travaillaient ainsi dix heures, douze heures par jour. Je n'ai pas besoin ici de faire appel à la religion; la nature condamne assez haut ces attentats, et élève contre leurs auteurs des protestations indignées.

Quant au travail des femmes, on a demandé des lois aussi pour l'interdire; mais on n'en voit pas au même degré la nécessité. Quand le mari gagne deux francs par jour et qu'il en faut quatre pour faire subsister la famille, comment avancer que l'entrée de l'usine ou de l'atelier doit être défendue à la femme?

Mais il appartient à un patron chrétien de lui interdire les travaux où sa santé serait menacée, où sa vertu serait compromise, de conjurer les dangers et de réprimer les abus.

Il appartient aux patrons de se souvenir que leurs ouvriers, leurs ouvrières ne sont pas des machines créées pour enrichir les hommes, mais des âmes créées pour glorifier Dieu, des âmes immortelles dont ils porteront devant le juge souverain la responsabilité.

Qu'ils organisent donc leurs usines dans des conditions honnêtes et chrétiennes. Qu'ils ne permettent pas qu'on en fasse de mauvais lieux, où filles, femmes, sont jetées pêle-mêle avec les ouvriers, et quels ouvriers! Elles sont livrées à la promiscuité la plus dangereuse : ce sont des contremaîtres qui les admettent, qui leur enseignent la tâche à remplir, qui les initient au travail, qui déterminent leur salaire, qui l'abaissent ou l'augmentent, qui infligent les amendes pour les absences ou les malfaçons. Et s'ils sont vicieux, ne voyez-vous pas le parti qu'ils peuvent tirer de ce pouvoir et de ces facilités, et ne devinez-vous pas aisément les drames qui se déroulent dans ces murs, où l'on vend quelquefois si chèrement à une pauvre mère le pain de ses enfants?

Il appartient à un patron chrétien de veiller à ce que ses ouvriers ne soient pas livrés aux influences malsaines, qu'il s'agisse de l'influence des syndicats et des loges, ou de celle d'une presse licencieuse ou révolutionnaire, ou de l'influence de ces bouges innomés qui pullulent d'ordinaire autour des grandes agglomérations de travailleurs, et où l'alcool et l'immoralité les sollicitent sans cesse.

Il lui appartient surtout de prendre les mesures nécessaires pour que l'ouvrier dispose de son dimanche. C'est un devoir rigoureux, et c'est un devoir bien méconnu. Beaucoup de négociants retiennent leurs employés toute la journée du dimanche, tout au moins jusqu'à deux ou trois heures de l'après-midi. Beaucoup d'industriels ne laissent chômer leur personnel que les jours de fête ou pendant la soirée du dimanche.

Cette conduite est très grave; elle n'implique pas seulement un attentat contre les droits de Dieu, mais aussi contre l'âme et contre la santé de l'ouvrier. C'est un fait incontestable qu'un travail sans merci brise les forces de l'homme le plus robuste et le condamne à des infirmités précoces et à une mort prématurée. Il l'oblige en même temps à l'oubli des obligations les plus essentielles, au mépris de Dieu et à l'athéisme pratique; il lui enlève toute liberté et l'abaisse au rôle d'un animal ou d'une machine. Quelle liberté ont ces employés de vos maisons de commerce, ces milliers d'ouvriers de vos ateliers et de vos usines?

Est-ce la liberté d'obéir à leur conscience et aux lois de leur religion? Non, ils ne l'ont pas.

Est-ce la liberté de jouir de la vie de famille, des douceurs de la tendresse paternelle et conjugale? Non, ils n'ont pas cette liberté.

Est-ce la liberté indispensable à l'entretien de leurs forces et à la conservation de leur santé? Non, non; ils brisent leurs forces et ils compromettent leur santé. Pour accroître un gain matériel, vous enserrez, vous broyez dans un engrenage de fer toutes les libertés les plus nécessaires et les plus saintes. Le sang des petits crie vers le Ciel contre la cupidité qui impose à des hommes cette servitude, et il est de fait que ces attentats appellent un jour ou l'autre sur une entreprise les malédictions de Dieu.

Vous le voyez, il n'y a qu'une solution aux divisions qui troublent les rapports des ouvriers et des maîtres : c'est la solution chrétienne ; c'est

qu'on rende la religion aux uns et aux autres ;
que tous pratiquent le commandement divin :
« Aimez-vous les uns les autres ; aimez les
autres autant que vous-mêmes. Ne faites pas
à autrui ce que vous ne voudriez pas qu'on vous
fît. »

La conscience vous ordonne d'être justes. Ce
n'est pas assez ; un catholique ne doit pas s'enfermer dans ces limites étroites. Qu'il soit charitable pour les humbles et les petits ; qu'il les
serve, parce que le Christ, son Maître, les a servis
tout le premier ; qu'il sache se sacrifier pour
eux, parce que le Christ s'est sacrifié pour eux
jusqu'à la mort.

Tel est le principe, et telles, les conditions de la
paix.

Au milieu des discordes qui nous déchirent,
des haines qui s'enflamment de plus en plus, nous
appelons de tous nos vœux cette paix bienfaisante ; nous en disons à tous la douceur et la
nécessité.

Qui nous la donnera?

Ce ne sera ni le socialisme, ni le collectivisme,
ni aucune des doctrines subversives que prônent
les agitateurs. Ce sera l'Église, parce que seule
elle commande l'amour.

Catholiques, voulez-vous donner à notre génération tourmentée ce bien incomparable? Voulez-vous apaiser les conflits, réconcilier dans un respect mutuel de leurs droits les membres d'une même famille? Voulez-vous mettre la paix et l'amour entre les patrons et les ouvriers?

Faites chrétiens et les ouvriers et les patrons.

Avant tout, soyez chrétiens vous-mêmes.

Nourrissez-vous du Christ et de sa religion, et voici ce qui se passera dans vos âmes.

Mes frères riches, une force y naîtra, qui, tempérant en vous l'égoïsme natif de l'homme, adoucissant les duretés de la nature, vous poussera au sacrifice et au dévouement. Par charité, sinon par justice, vous vous déciderez à être bons jusqu'à la privation, à faire, si c'est possible, les assiettes un peu plus petites, afin que tous puissent s'asseoir à la table commune; vous vous souviendrez que les travailleurs sont vos frères, des fils de votre Dieu, et vous les traiterez avec des sentiments dignes de leur condition.

O mon frère ouvrier, dans ta pauvre âme meurtrie une force naîtra, qui te fera modérer tes désirs, ne pas demander plus qu'il ne peut t'être donné, qui t'inspirera du respect et de la reconnaissance pour ceux dont la Providence aura fait auprès de toi les auxiliaires de sa bonté.

En dehors de cela il n'y a pas d'issue.

Que n'avez-vous pas tenté? Vous avez renversé les rois, et leur tête est tombée sous le couteau; vous avez détruit les dynasties ; vous avez ameuté le peuple et bouleversé les sociétés par des révolutions sanglantes. Eh bien, rien n'y a fait; rien n'y fera.

Patrons, ouvriers, il n'y aura pas de réconciliation pour vous, il n'y aura jamais de paix hors des voies que le Christ a tracées.

Malheur aux riches qui les abandonnent ! L'émeute les guette comme une proie. Ils seront dépossédés. Ils passeront par le feu.

Malheur aux ouvriers qui s'en écartent! La force matérielle tentera de les accabler. Ils seront opprimés. Jusque dans leurs victoires, pires que des défaites, ils seront esclaves ou menacés de l'être.

Laissez là les théories creuses qui ont attisé vos haines au lieu de les apaiser, aggravé vos maux au lieu de les guérir.

Patrons, ce qu'il vous faut, c'est plus de charité, plus d'amour, plus d'esprit de sacrifice, plus de grandeur d'âme, c'est-à-dire plus de religion. Ce qu'il vous faut, ouvriers, c'est plus de religion aussi, puisque c'est plus de patience, de résignation et de vertu.

Mes frères, venez tous à votre Dieu et réconciliez-vous dans la connaissance et le respect de sa loi. Vous ne trouverez jamais la concorde et le salut qu'en Celui qui est votre sauveur et votre ami, la vérité absolue, la justice parfaite et l'infinie bonté, Notre-Seigneur Jésus-Christ.

MAITRES ET SERVITEURS

MAITRES ET SERVITEURS

La domesticité est-elle dans la nature des
choses, et doit-on la tenir pour un élément essen-
tiel de la société? Je ne sais. On peut bien rêver
un état social où tous les déshérités arriveraient
à pourvoir à leurs besoins par le seul produit de
leur lopin de terre ou d'un travail indépendant,
et où tous les riches se résigneraient à se servir
eux-mêmes : on a vu des rois, devenus moines,
balayer leur cellule, et l'histoire nous dit que les
envoyés du pape, quand ils portèrent le chapeau
de cardinal à saint Bonaventure, le trouvèrent
lavant la vaisselle du couvent.

Ce qui n'est pas douteux, c'est que sous des
formes diverses, tantôt très dures, tantôt adou-
cies, la domesticité a toujours existé, et nous ne
voyons pas, il s'en faut, qu'elle soit sur le point
de disparaître. Elle est immense, dans la grande

famille humaine, la multitude des membres besogneux qui, pour arriver à vivre, doivent s'offrir à servir les autres. Quant aux riches, ils sont moins que jamais en état de se passer de domestiques. Les affadissements de l'éducation contemporaine les mettent dans une impossibilité croissante de se suffire à eux-mêmes. Enfants, ils ont besoin d'une nourrice, d'une bonne, et bientôt d'une gouvernante pour les promener, pour les faire manger, pour les coucher, pour les habiller, pour les servir du matin au soir, du soir au matin, dans les choses les plus vulgaires. Déjà grands, ils ont besoin de domestiques pour les conduire en classe, pour porter leurs cahiers et leurs livres, pour faire à leur petite personnalité une sorte de garde d'honneur. Hommes, ils ne peuvent se passer de cochers, de valets de chambre et de tout ce personnel affairé qui s'emploie à exécuter leurs moindres désirs. En toute occasion, leurs épaules paresseuses rejettent les fardeaux pour en charger autrui, moyennant le salaire convenu. Leur vie est l'épanouissement de l'égoïsme se manifestant, en toutes les choses fastidieuses ou dures, par le remplacement obtenu à prix d'argent.

Il n'est donc pas hors de propos d'étudier ce côté de la question sociale.

Le paganisme avait ses théories sur la domesticité, théories cruelles, odieuses, et qu'accep-
taient pourtant les plus grands esprits. La libre
pensée et le socialisme ont aussi leur manière de
voir ; mais elle n'a servi jusqu'à ce moment ni à
rendre les maîtres plus bienfaisants, ni à rendre
les domestiques plus heureux. Tout au contraire,
elle a fait tomber la domesticité dans un état de
décadence et de discrédit qui la ramènerait à
l'esclavage, si elle n'était protégée par les influences chrétiennes. Seule, la doctrine catholique
sur les relations des maîtres et des serviteurs
élève le serviteur, l'ennoblit, sans abaisser le
maître, et sait établir entre eux des liens de
concorde et d'amour. C'est cette doctrine que je
vais exposer, afin que nous en puissions facilement déduire les devoirs des maîtres et ceux des
serviteurs.

I

Quand le christianisme parut, la domesticité
avait pris partout la forme de l'esclavage. Suivant

l'expression énergique d'Aristote, le serviteur était l'homme d'un autre homme, un instrument, un bétail, une propriété, classé comme tel dans la catégorie des choses, non des personnes. La loi consacrait cette doctrine : elle dépouillait l'esclave de tout droit ; elle affranchissait le maître de tout contrôle. L'intérêt seul pouvait conseiller la clémence envers les serviteurs, comme il conseille envers les animaux domestiques ces traitements humains qui les rendent plus dociles et plus forts, comme il recommande aussi de tenir en bon état ces instruments inanimés de travail dont la détérioration est une perte pour leur possesseur.

C'était le droit commun des sociétés civilisées, et cette organisation entrée dans les mœurs, acceptée par les lois, rendait la situation des Apôtres singulièrement délicate, autrement délicate encore et périlleuse que celle des prédicateurs contemporains, placés entre les riches et les pauvres, et obligés de rappeler aux uns et aux autres leurs devoirs plutôt que leurs droits. S'ils prenaient le parti des maîtres, le christianisme devenait sur leurs lèvres une doctrine oppressive, en contradiction avec l'esprit de son fondateur. S'ils prenaient le parti des serviteurs, le christianisme devenait une doctrine révolutionnaire, et ses ministres, des tribuns à la solde des Spartacus de chaque province. Ils prirent seulement le parti de la justice et de la vérité. Ils établirent, au sein d'une société sans amour, la charité du maître et la dignité du serviteur, et ils fondèrent sur ces bases la domesticité chrétienne.

L'acte de fondation de cette société nouvelle entre le serviteur et le maître est tout entier dans cette parole de Jésus-Christ : « Aimez-vous les uns les autres. » Elle nous semble toute simple aujourd'hui, parce que l'esprit en est entré avec le christianisme dans notre cœur et dans la moelle de nos os; mais il est aisé de comprendre la stupéfaction qu'elle produisit dans un monde où le maître avait droit de vie et de mort sur son serviteur, où il condamnait sans façon à la peine capitale l'esclave qui avait toussé mal à propos ou par mégarde brisé une amphore, et où l'on avait vu un empereur romain en faire périr vingt mille en une seule hécatombe, uniquement pour égayer le spleen d'un peuple blasé.

L'humanité n'avait jamais rien entendu de semblable. Le mot célèbre de Cicéron, *caritas generis humani*, ne pouvait être comparé à la parole du Christ. C'était un mot sublime, mais isolé parmi les affirmations de l'égoïsme antique, et sans efficacité sur les âmes. La parole du Christ, c'était une doctrine qui devait résumer tout le christianisme; c'était une flamme qui allait allumer dans le monde entier l'incendie de l'amour.

Soyez béni, ô Sauveur Jésus, d'avoir prononcé cette parole mémorable! Soyez béni d'avoir laissé tomber ce langage rédempteur sur la tête des fils gémissants d'Adam! Soyez béni d'avoir pris dans vos bras, sur votre cœur, mon frère le serviteur, et, après l'avoir tant ennobli par vos exemples, vous, ô Jésus, qu'on a pu appeler le premier domestique du monde, de l'avoir recommandé à l'estime et à l'affection de tous les siècles par cet ordre immortel : « Aimez-vous les uns les autres ! »

Ce n'était pas seulement l'amour conseillé, mais l'amour commandé, devenu le fondement de la loi et le moyen nécessaire du salut. De là cet autre précepte, qui est le commentaire du premier et qui lui donne toute sa force, en le confirmant par l'exemple du législateur : « Si quelqu'un de vous veut être le premier, qu'il soit le dernier, et qui veut être le plus grand, qu'il soit votre serviteur, à l'exemple du Fils de

l'homme, qui n'est pas venu pour être servi,
mais pour servir [1]. »

Le principe était posé ; il fallait le suivre dans
ses conséquences. Ce fut particulièrement l'œuvre
de saint Paul. Sous sa plume, nous trouvons
toute la théorie chrétienne des rapports entre
maîtres et serviteurs.

Il montre d'abord comment l'amour doit unir
ceux que tout, la naissance, l'éducation, les intérêts, les habitudes, l'égoïsme incurable de la
nature, tend à séparer ; comment, maîtres et
domestiques, fils d'un même Dieu, appelés à un
même héritage éternel, nous devons être liés par
une charité mutuelle. « Tous, dit-il, nous avons
été baptisés dans un même esprit pour n'être
tous ensemble qu'un même corps, soit esclaves,
soit hommes libres [2]. » Que les barrières s'abaissent
donc, que les réconciliations nécessaires se fassent,
que les distances se rapprochent, que l'humanité
soit une même famille ! « Il n'y a plus de juif ni
de grec, il n'y a plus d'esclave ni d'homme libre ;
mais vous êtes tous un en Jésus-Christ [3]. »
Voilà désormais la loi du monde !

[1]. Saint Matth., xx, 26, 27, 28.
[2] Saint Paul, *I aux Cor.*, xii, 13.
[3] Saint Paul, *Ép. aux Gal.*, xvi, 5.

Mais l'égoïsme humain est habile à esquiver les vérités qui le menacent. L'Apôtre le sait : il s'explique donc en détail, et il montre que la charité doit présider à toutes les relations des maîtres et des serviteurs. Il ne supprime ni la crainte respectueuse ni l'autorité, mais il les tempère dans une mesure merveilleuse par l'amour. « Vous, serviteurs, obéissez à ceux qui sont vos maîtres selon la chair, avec crainte et respect, dans la simplicité de votre cœur, comme à Jésus-Christ même. Ne les servez pas seulement lorsqu'ils ont l'œil sur vous, comme si vous ne pensiez qu'à plaire aux hommes ; mais faites de bon cœur la volonté de Dieu comme étant les serviteurs de Jésus-Christ. Et servez-les avec affection, regardant en eux le Seigneur et non les hommes. Et vous, maîtres, témoignez de même de l'affection à vos serviteurs, ne les traitant pas avec rudesse et avec menaces, et sachant que vous avez les uns et les autres un maître commun dans le ciel, lequel n'aura pas d'égard à la condition des personnes[1]. »

Ce n'est pas tout.

Après avoir formulé la loi, l'Apôtre en fait comprendre le sens et la portée en appliquant à un cas concret les règles qu'il a posées. Pendant qu'il

---

[1] Saint Paul, *Ép. aux Éph.*, vi, 5, 6, 7, 8, 9.

était prisonnier à Rome, un esclave de son disciple Philémon s'était enfui, était venu le rejoindre et avait reçu le baptême. Paul le renvoie à son maître, en lui remettant une lettre, qui a plus fait pour l'affranchissement de l'humanité esclave que tous les décrets des souverains et toutes les mesures des gouvernements. « Moi, Paul, déjà vieux et prisonnier de Jésus-Christ, je vous invoque pour l'esclave Onésime, que j'ai engendré au Seigneur dans les fers. Recevez-le, non plus comme un esclave, mais comme un frère bien-aimé, et si vous avez quelque affection pour moi qui le chéris, recevez-le comme moi-même. »

On écrit beaucoup en notre temps en faveur des prolétaires; on parle davantage encore. Eh bien, lisez les livres des économistes; écoutez les harangues des agitateurs et des tribuns. Sous quelle plume, sur quelles lèvres sent-on frémir comme sur les lèvres et sous la plume du vieil Apôtre ces deux choses sacrées : l'amour des hommes et le zèle de la liberté?

Ce qu'avait été saint Paul pour Onésime, les pontifes, les docteurs de tous les siècles le devinrent pour les serviteurs. A travers les âges, c'est toujours le même esprit, c'est la même doctrine, c'est le même accent de miséricorde et de charité. Et ainsi, peu à peu, se transforme le caractère du service et de la domination : le maître en vient à remplir envers ses serviteurs une fonction paternelle et à leur montrer ce respect de la liberté morale et cet amour que le Père commun témoigne à tous ses enfants; le serviteur, à travers le commandement même injuste, apprend à accepter la volonté ou la permission divine, et à honorer en la personne d'un homme, quelquefois capricieux et méchant, Celui qui est la source de toute autorité.

De là est née cette merveille des âges de foi, la domesticité chrétienne. Nous sommes surpris aujourd'hui quand nous considérons ce qu'était le domestique dans les âges chrétiens : l'ami dévoué de la maison, un fils d'un rang inférieur, mais vraiment de la famille, dont les longs services étaient moins payés à prix d'argent qu'au prix d'une noble amitié. Cette merveille des temps de foi se retrouve au sein des familles où l'Église exerce dans toute sa plénitude son influence moralisatrice. N'avez-vous jamais vu le vieux serviteur qui a blanchi au foyer de ses maîtres? Il s'est attaché à eux comme le lierre à la maison; il aime les fils comme il aima les grands-pères, et la joie de son vieux cœur est de voir leur sang se perpétuer et fleurir en une nombreuse postérité.

Et on pourrait citer bien des exemples parallèles, des domestiques s'attachant à des maîtres ruinés, refusant tout salaire, doublant leur travail et veillant les nuits pour les aider à vivre, recueillant leurs orphelins, comme si c'étaient leurs fils à eux, sacrifiant toutes leurs petites économies, jeûnant en secret ou mangeant du pain noir pour ajouter à la table de leurs maîtres appauvris.

Voilà ce que fait l'amour !

Regardez, au contraire, la famille moderne, telle que l'ont faite le rationalisme et la libre pensée : la domesticité y est tombée dans une déconsidération autrefois ignorée, dans un état voisin du servage, qui peut si facilement, la foi absente, devenir la servitude. Les domestiques y sont redevenus ces êtres secondaires qu'on traite de haut, auxquels on parle sèchement, qu'on n'aime pas, non plus nos semblables et nos frères, mais une *race*, une *engeance*, comme on dit trop souvent, ces *gens-là*, qu'on regarde avec dédain et qu'on régente durement, qu'on garde s'ils plaisent, qu'on congédie s'ils sont vieux, qu'on envoie à l'hôpital s'ils deviennent malades. Ils sont déchus de leur ancien honneur, depuis qu'on méconnaît l'Église, et retombés sous un joug odieux. Et heureux sont-ils quand on respecte leur foi et leur vertu, quand on ne tourne pas en ridicule leurs croyances, qu'on ne les empêche pas de les pratiquer! Heureuse est la pauvre fille, venue toute naïve de son village, quand un maître libertin n'aboutit pas à la perdre, quitte, une fois qu'il a détruit ce qui ne se réédifie pas, à la balayer dans la rue comme un jouet qui s'est brisé ou comme un fruit qui s'est corrompu!

O mes frères les serviteurs, pour que vous vous mainteniez dans la dignité de votre nature, il vous faut une protection. Où la trouverez-vous? Ils vous trompent, ceux qui veulent que vous soyez élevés sans foi, que vous grandissiez sans culte, que vous viviez sans religion. Il n'y a de sécurité pour vous que sous la tutelle de l'Église qui, mettant dans vos âmes l'image de Dieu, vous couvre aux yeux de tous d'un invincible bouclier[1].

---

[1] V. *Divinité de l'Église*, conférences apologétiques (*Influences sociales de l'Église*), un vol. in-12, librairie Lethielleux.

II

Il importe que les catholiques maintiennent ou qu'ils rétablissent sur les bases évangéliques leurs rapports avec leurs serviteurs, qu'ils se fassent une juste idée de la dignité surnaturelle des domestiques, et qu'ils les traitent suivant les conseils de leur foi. Devant Dieu ils sont nos semblables, faits comme nous à son image, comme nous rachetés par son sang, possédant la même vie surnaturelle, soumis aux mêmes préceptes, admis aux mêmes sacrements.

Que doivent donc faire les maîtres pour être à la hauteur de leurs devoirs ?

S'ils ne veulent pas que ces devoirs soient trop difficiles, qu'ils demandent un héroïsme trop continu, je conseille d'abord aux maîtres de mettre un soin avisé à bien choisir leurs domestiques.

Tenir compte uniquement des qualités professionnelles, ne pas s'inquiéter de la moralité des gens qu'on introduit dans sa maison, ni des germes de corruption qu'ils peuvent y porter, c'est se préparer une tâche impossible et s'exposer à mille périls graves. Avec des domestiques sans religion et sans honnêteté, c'est le trouble qui peut entrer à votre foyer, le désordre, la désunion, toute une suite imprévue d'épreuves et de maux.

Il fut un temps où ce danger n'existait pas. Chaque village avait plusieurs chaumières patriarcales, où la vertu était héréditaire, et où s'élevaient, dans les bonnes mœurs et la foi, des domestiques dévoués. Il ne reste plus aujourd'hui en France beaucoup de hameaux où se cachent encore ces perles qu'on prétend désormais introuvables. Dans notre état social, les maîtres n'ont presque plus d'autres pépinières de domestiques que les bureaux de placement, rendez-vous trop ordinaire, on doit en convenir, de la paresse, du vol et du libertinage. Des plantes nombreuses qu'on cultive en ces serres closes, il y en a peu qui puissent prendre racine en une bonne terre. Peu sont recommandables, et toutes cependant sont recommandées : il importe au loueur de s'en défaire au plus tôt, puisque leur écoulement le fait vivre, et il ne saurait dire aux chalands du mal de la marchandise qu'il met à l'étalage : « Achetez, mesdames et messieurs, achetez : c'est une marchandise avariée ! »

Quand vous avez trouvé et attaché à votre maison des domestiques, je ne dis point parfaits, ni même voisins de la perfection, mais simplement convenables, ne les renvoyez pas sans de graves motifs. S'ils ont les qualités essentielles, il est sage de vous en contenter, de limiter charitablement vos exigences, de fermer les yeux sur certains défauts, et même de subir avec une résignation calculée certaines impertinences. Je vous recommande, mesdames les maîtresses de maison, la prière qu'une femme d'esprit ajoutait chaque matin à ses dévotions : « Seigneur, faites que pendant ce jour je ne trouve pas mes domestiques en faute, parce que je les renverrais, et que j'en prendrais ensuite d'autres qui seraient encore bien pires. »

Que votre charité aille plus loin, et qu'elle vous dissuade de vous plaindre de vos serviteurs. Dans notre société égoïste, ce sera comme un miracle : quel est le serviteur qui ne récrimine pas contre ses maîtres ? quels sont les maîtres qui ne récriminent pas contre leurs domestiques ? « Ils n'ont pas de fidélité, ni de dévouement. Ils sont paresseux, et désobéissants, et indolents, et menteurs... Quelle engeance, mon Dieu ! Impossible, d'ailleurs, de les contenter. »

Je ne veux point dire que vos gens soient sans

péché. Mais j'avoue que, si je considère les ennuis,
les désagréments, les déconvenues de leur situation, je comprends qu'ils murmurent parfois et
j'incline à les excuser. Vous murmurez aussi
quelquefois, mesdames; vous avez du noir dans
l'esprit; vous vous ennuyez fort souvent, et pourtant vous n'obéissez à personne, vous avez du
confortable, des affections, des plaisirs, des toilettes. Vos domestiques n'ont rien ou presque
rien de tous ces adoucissements aux amertumes
de la vie. Être nourri, logé, blanchi même; gravir
tous les soirs, pour aller dormir, les cent vingt
marches qui mènent aux mansardes; coucher sur
un mauvais lit, dans un réduit étroit; se lever à
l'aurore, obéir toute la journée; porter, si l'on
est sage, les vieilles jaquettes de monsieur ou les
vieilles robes de madame; manger des légumes à
sa faim; se promener chaque dimanche de trois
à cinq heures; avoir comme perspective lointaine,
après trente ou quarante ans de cette existence,
le dénuement ou l'hôpital, ce n'est pas assez pour
qu'une créature humaine trouve sous votre toit
son paradis terrestre. S'il arrive qu'elle ait des
heures de mécontentement, elle a tort, j'en conviens; mais ce tort, je le comprends, je l'excuse,
et j'estime que le rôle d'un maître chrétien est
bien plus de consoler, de relever son serviteur

attristé et défaillant que de s'en plaindre ou de lui créer par ses reproches de nouveaux accablements.

Puis il est juste de nous souvenir que si nous avons à pratiquer le support, il est mutuel : c'est à titre de réciprocité. Les serviteurs ont des défauts, de graves défauts, ce n'est pas douteux; mais monsieur en a aussi, madame en a, de très petits, je l'accorde, mais ils en ont; seulement, comme ils sont les maîtres, ils les remarquent beaucoup moins et ils les imposent beaucoup plus. Et encore je ne parle pas des jours où il faut veiller jusqu'à minuit, une heure du matin, pour attendre que monsieur et madame soient rentrés du théâtre ou du bal, ni des dimanches où il y a réception et où les pauvres serviteurs ont plus à travailler que d'ordinaire, ni des jours où tout va mal et où, quoi qu'on fasse, on n'arrive pas à vous contenter.

Enfin, ne croyez-vous pas que les défauts ou même les vices que nous reprochons aux personnes de service ne sont attachés ni à la condition ni à la nature du serviteur, qu'ils sont plutôt les défauts et les vices de la nature humaine, et que les maîtres, en conséquence, n'en sont eux-mêmes pas exempts? Marthe est désobéissante, elle est coquette, elle est gaspilleuse, difficile pour la nourriture; mais a-t-elle ces défauts parce qu'elle est domestique? Non pas, certes, mais bien parce que, dans Marthe, il y a la nature humaine, comme en vous, comme en moi; ces défauts, tous les humains les ont, parce qu'ils subissent les conséquences du péché originel, non point parce qu'ils sont valets de pied, femmes de chambre, cuisiniers, blanchisseuses ou épiciers.

Replions-nous sur nous-mêmes, regardons bien notre âme, à nous, sans faiblesse et sans fausse pudeur. Rappelons-nous nos désirs secrets, nos convoitises étouffées. Il n'y a pas une des passions qui bouillonnent dans les âmes les plus basses, qui ne frémissent aussi dans notre sein. Nous les avons domptées, oui, mais pourquoi? Parce que l'on nous a élevés dans l'honneur et dans la foi. Ils n'ont pas été élevés, eux; ils ont poussé comme sur des ruines pousse une herbe sauvage. Voilà leur malheur et aussi leur excuse : ils n'ont pas été élevés. C'est ce que vous dites souvent dans un mot qui n'est pas sans profondeur : ils n'ont pas reçu d'éducation.

Nous avons mieux à faire que de les blâmer; c'est de travailler à les rendre meilleurs en remplissant avec une fidélité scrupuleuse et éclairée nos devoirs envers eux. Saint Paul nous en a donné un instructif résumé dans les quelques lignes où il a condensé tout un traité des rapports entre maîtres et serviteurs.

« Maîtres, rendez à vos serviteurs ce que la justice et l'équité demandent de vous : sachez que vous aussi, vous avez un maître dans le ciel [1]. »

C'est la loi de justice.

Un maître de maison qui s'en inspire sait fixer des gages proportionnés au dévouement et à la capacité, les payer avec exactitude, ajouter à propos d'encourageantes récompenses. Tout en fuyant la prodigalité, il est attentif à repousser en toutes choses les conseils d'une avarice sordide. Selon la recommandation de l'Écriture, il offre aux domestiques une nourriture saine et abondante, propre à soutenir leur vigueur et à réparer leurs forces. Il n'exige pas de leur dévouement un travail excessif. Fénelon (ce n'est point moi qui dis cela, bien que je le pense absolument ; on m'accuserait peut-être d'exagération ou de dureté, et je suis heureux de me couvrir de l'autorité d'un des prélats les plus illustres du grand siècle), Fénelon assure que, dans certaines maisons, on regarde les domestiques « à peu près comme des chevaux, qu'on se croit d'une autre nature qu'eux, et qu'on suppose qu'ils sont faits

[1] *Coloss.*, IV, 1.

pour la commodité des maîtres [1] ». Il en était ainsi, semble-t-il, du temps de Fénelon; mettons, si vous le voulez, que nous nous sommes corrigés, et que, dans notre âge de fraternité, on ne trouve plus de maîtres qui ne soient la délicatesse même et la mansuétude parfaite.

Il y a aussi comme un acte de justice à veiller à ce que les serviteurs soient convenablement et moralement logés, à ce que des chambres suffisamment aérées et éclairées les mettent à l'abri de la chaleur excessive en été, et, en hiver, du froid rigoureux, sans jamais les exposer à un voisinage périlleux.

Les logements modernes, dans les grandes villes, sont établis dans des conditions fort regrettables à cet égard. Souvent il n'y a pas, dans l'intérieur des appartements, de chambres destinées aux serviteurs. Ils sont relégués aux étages supérieurs, pêle-mêle avec les domestiques des autres locataires, dans une promiscuité malsaine, hors de tout contrôle, au grand détriment de la moralité [2].

---

[1] *Traité de l'éducation des filles*, ch. xii.

[2] « Les maisons modernes, à Paris, ont été généralement construites sur le même modèle; partout on s'est entendu pour refouler au cinquième ou au sixième étage, loin des appartements des maîtres, les gens de service. L'insécurité est le trait caractéristique de l'étage du sommet, partagé en chambres

C'est le cœur léger que de bons chrétiens, d'excellentes chrétiennes envoient ainsi chaque soir leurs servantes coucher au sixième, dans le long corridor des mansardes, où logent également les employés des magasins du rez-de-chaussée, le valet de pied de l'entresol, le cocher du premier étage, le frotteur du second.

Et encore je ne parle que du point de vue moral. Mais, au point de vue matériel, que de fois, quand vos domestiques ont un coin à eux, — il y a des maisons où d'honnêtes rentiers les font coucher sur le parquet, dans une anti-chambre, — les galetas où vous les logez sont de vrais taudis, sans air, sans lumière, avec une fenêtre à tabatière ou un œil-de-bœuf sur les toits! En été, ce sont des étuves; en hiver, ce sont des glacières. On ne saurait les comparer, au point de vue de l'hygiène et du confortable, aux étables où les bêtes de somme se reposent, à l'abri

mansardées, dont le plus grand nombre reçoivent l'air par des tabatières. On compte de trente à quatre-vingts chambres par immeuble. Le lecteur devine quels inconvénients présentent cet éloignement, cette contiguïté et, disons le mot, cette promis-cuité. On a enfin compris que les maîtres ne pouvaient négli-ger ainsi leurs devoirs envers leurs serviteurs. Sur l'initiative de la *Société française des habitations à bon marché*, les architectes aménagent dans les appartements nouveaux de petites chambres près de l'office. » (FRANC, *le Logement des domestiques parisiens*.)

de la chaleur et du froid, sur une molle litière.

Quand j'ai parlé à vos domestiques, je leur ai exposé tout un long traité de leurs devoirs envers les maîtres. Aucun catholique, je le sais, n'aura l'âme assez étroite pour trouver mauvais que je parle maintenant aux maîtres de leurs devoirs envers les serviteurs. Qui le fera, si le prêtre ne le fait pas, lui qui chaque jour se nourrit du corps et du sang d'un Dieu, venu en ce monde pour servir, non pour être servi, et qui maudirait son ministre s'il ne trouvait pas en lui quelque chose de son amour pour les humbles et les petits?

« Maîtres, continue l'Apôtre, traitez vos domestiques avec douceur et affection. Sachez que vous avez le même Seigneur dans les cieux, et qu'auprès de lui il n'y a pas acception de personnes [1]. »

C'est la loi de la charité.

Les chrétiens qui veulent la pratiquer ne sont pas de ces maîtres hautains, dédaigneux, absolus, dont le verbe est toujours bref, le ton raide, le commandement impérieux, qui semblent s'appliquer en toute circonstance à rendre pénibles et difficiles les fonctions de serviteurs, comme si les jougs placés sur les épaules humaines n'étaient

[1] *Éph.*, IV, 9.

pas assez pesants d'eux-mêmes et qu'il fallût les alourdir encore.

Le chrétien éclairé n'oublie pas que Jésus-Christ a revêtu de ses mérites et de sa dignité les âmes les plus humbles. Il sait voir en elles son Dieu, et dès lors il n'a point de peine à les traiter avec bonté. Reconnaissant de leurs services, indulgent pour leurs défauts, il gouverne son empire par l'amour, non point par la terreur.

Si le maître chrétien pratique la justice et la charité quand il s'agit des intérêts temporels de ses serviteurs, à plus forte raison les respecte-t-il quand il s'agit des intérêts de leurs âmes.

De même qu'il doit au corps la nourriture et le logement, il doit aux âmes l'instruction, l'exemple, des soins religieux.

On raconte de Fénelon, archevêque de Cambrai, que chaque soir il assemblait ses serviteurs pour les faire prier et pour leur parler de Dieu. Dans les siècles chrétiens, des femmes du plus grand monde catéchisaient leurs domestiques comme elles catéchisaient leurs propres enfants. Ces saintes traditions n'ont point péri dans les familles vraiment chrétiennes. On tient cette obligation pour sacrée, et on se regarde comme tout aussi chargé de nourrir l'âme que le corps de ceux qu'on abrite sous son toit. On la nourrit par des paroles instructives, par de bonnes lectures, surtout par des exemples chrétiens.

Oui, par des exemples : votre conduite jusqu'en ses plus petits détails, vos conversations, vos toilettes, votre bibliothèque, vos tableaux, vos revues, vos journaux, voilà, pour vos serviteurs, autant de leçons dont la portée est décisive. Oui, elle est souvent décisive, et c'est pourquoi je vous prie de considérer que le luxe inutile, la vie oisive, la licence des discours, l'habitude de médire, doivent être évités avec un soin attentif par des maîtres soucieux de leur mission. Les serviteurs voient; ils écoutent, et ils forment d'ordinaire leurs conversations et leur conduite sur votre conduite et sur vos conversations.

Mais de toutes les influences, la plus puissante que vous deviez faire régner sur eux, c'est l'influence de la religion; non point qu'il faille la leur imposer, rien n'est plus contraire au sentiment de l'Église; mais il importe de leur laisser toute liberté de la subir et de leur faciliter les moyens de pratiquer les devoirs chrétiens.

C'est une obligation trop souvent méconnue.

Ainsi, qu'est trop fréquemment le dimanche des serviteurs? Autant que les autres, c'est un jour

de labeur. Il n'y a ni repos, ni lecture, ni instruction religieuse, ni prière un peu prolongée qui
vienne relever l'âme du domestique et la ra-
fraîchir. Une messe, au petit jour, aussi courte
que possible, une sortie toutes les quinzaines,
dans l'après-midi, de deux à cinq heures, on
croit que c'est assez.

Non, ce n'est pas assz.

Assister à une messe basse, hâtive, chaque
dimanche, suffit peut-être, à la rigueur, pour
se mettre en règle stricte avec la lettre du précepte, mais non pas avec son esprit. Le serviteur doit, tout comme le maître, entretenir la
foi en son âme, s'instruire des vérités catholiques, et c'est pour cela que l'Église a institué
le prône et les diverses prédications des dimanches
et jours fériés, du Carême et de l'Avent.

Est-il admissible qu'il y ait toute une classe de
baptisés laissés volontairement en dehors de cette
action de l'Église, qui n'assistent jamais qu'à
une messe basse, saisie au vol, au petit jour,
qui n'entendent jamais le prône dominical, parce
que madame a ses habitudes, qu'elle se lève
tard, prend son déjeuner au lit ou qu'elle entend
ne pas s'occuper de ses enfants? Est-il admissible qu'il y ait des chrétiens et des chrétiennes
qui n'entendent jamais les instructions de l'Avent

ou du Carême : le dimanche, parce que le service les retient à la maison ; en semaine, parce que monsieur et madame dînent à sept heures et demie, non pas à sept heures, non pas à sept heures moins un quart, mais à sept heures et demie, et que cela les gênerait d'avancer un peu les repas? On les avance bien, et fort souvent, pour le spectacle, pour les bals, pour les soirées; mais il est fort gênant de les avancer pour le sermon.

De par la loi de Dieu, les serviteurs ont droit, le dimanche, à la liberté de leur âme. Ils ont droit au repos également, et s'il est nécessaire de concilier ce droit avec les exigences de leur service, du moins n'est-il pas équitable de le supprimer. Ils ont droit à ne pas être astreints sans de graves motifs à des œuvres serviles le dimanche, à pouvoir se délasser des travaux de la semaine, respirer un air pur.

On objectera : « La maison ne peut rester seule. » Sans doute; mais une bonne serrure, et, au besoin, un verrou de sûreté la garderont suffisamment, si tout le monde est à la promenade. Quand vous avez trouvé bon, au temps de la belle saison, d'aller à la campagne, il est d'expérience que, laissée seule, la maison ne s'est jamais envolée. Le dimanche n'est ni à vous ni à vos

serviteurs, il est à Dieu, et Dieu ne saurait renoncer à ses droits pour un motif aussi futile.

« Mais, ajoute-t-on, on a coutume de recevoir
le dimanche. » C'est bien, pourvu que la loi divine
ne soit pas violée, et elle ne le sera pas seulement
si vous recevez de telle manière que le travail des
serviteurs ne s'en trouve pas notablement accru.
Autrement le monde, et même peut-être la casuis-
tique pourront bien vous absoudre; mais la loi
morale vous blâmera, et votre conscience vous
reprochera de n'avoir pas traité les petits et les
humbles avec la délicatesse et la bonté des vrais
chrétiens.

Quoi qu'il en soit des habitudes semi-païennes
de notre société, les catholiques doivent se signaler
en tout par une impeccable justice envers les serviteurs, et à cette justice ils doivent aussi ajouter
la bonté. L'être qu'ils dominent n'est pas une
machine qu'on puisse estimer seulement au rendement qu'elle donne, ou ménager à raison du
travail qu'elle fournit. Il y a dans cette poitrine
un cœur d'homme, une âme immortelle, fille de
Dieu. Le maître a la charge de cette âme, placée
à son foyer; il a reçu mission de la conduire, à
travers les souffrances et les travaux d'un jour,
au repos de l'éternité.

III

Ce que j'ai dit longuement des obligations des maîtres me permet d'être court sur les obligations des serviteurs.

Saint Paul les a également définies : « Serviteurs, dit-il, obéissez à vos maîtres selon la chair, comme Jésus-Christ lui-même a obéi. Ne les servez point parce qu'ils vous surveillent, comme si vous ne deviez plaire qu'à des hommes ; mais regardez-vous comme les serviteurs de Jésus-Christ, accomplissant de toute votre âme la volonté de Dieu. — Servez de bon cœur, comme si vous aviez affaire uniquement à Dieu, et non à des hommes, sachant que chacun recevra du Seigneur selon ses œuvres, quelle que soit sa condition, domestique ou maître [1]. »

Instruit par ces paroles, le prêtre peut dire à ses frères les serviteurs : Frères que le christianisme fait libres, mais qu'une destinée passagère a faits dépendants, suivez les conseils de l'Apôtre,

---

[1] Saint Paul, *Ép. aux Éph.*, vi, 5 et suiv.

soyez respectueux et obéissants, comme si vous aviez affaire uniquement à Dieu. Dieu est dans vos maîtres par la nature humaine dont il est l'auteur, par la grâce et les fruits de la rédemption que son sang leur a valus, par l'autorité qui réside en eux et qu'il leur a donnée. Ils sont l'image de Dieu, image peut-être ternie, qui s'ignore elle-même, et qui défigure la divine ressemblance, au lieu de la parfaire; mais votre foi doit la discerner à travers tous les voiles et vous apprendre à la vénérer encore.

Aussi bien, si vous trouvez que le joug que vous portez est rendu trop lourd, vous pouvez, dans la mesure où votre contrat vous en laisse la liberté, chercher ailleurs une représentation moins infidèle du divin exemplaire. C'est votre droit. Mais tant que vous demeurez attaché à ce foyer, il ne vous est pas permis de manquer au respect que vous devez à vos maîtres et de châtier par vos révoltes ou vos irrévérences les fautes qui les amoindrissent à vos yeux.

Soyez justes envers vos maîtres tout autant que respectueux. Ils sont coupables, les serviteurs qui gagnent dans une oisiveté calculée le prix rémunérateur du travail, ou qui extorquent le bien de leur maître sous prétexte d'une compensation à l'excès de leurs fatigues ou à la modicité de leurs gages. Votre contrat doit mettre vos droits en sûreté, et Dieu est là pour le garantir et vous protéger. Mais il est injuste de regarder la fortune du maître comme un butin offert au pillage et d'édifier sur le vol une prospérité qui ne saurait être solide et durable.

Surtout, ô serviteurs, soyez dévoués. Un grand gémissement s'élève de la société contemporaine : on se plaint et on souffre de l'égoïsme qui rend durs tous les contacts. Les maîtres accusent les serviteurs, les serviteurs accusent les maîtres. En vérité, il importe peu de savoir qui a commencé. Ce qui importe, c'est de faire cesser cette hostilité et cet égoïsme païen. Soyez les premiers pour vos maîtres ce que vous désirez tant qu'ils deviennent pour vous. Votre dévouement triomphera de toutes les défiances et de toutes les colères; il ouvrira les cœurs fermés par l'idolâtrie de soi, et il en fera jaillir un dévouement pareil ou supérieur au vôtre.

Dans les temps de foi, les serviteurs étaient habitués à confondre leurs intérêts avec ceux de leurs maîtres. Aux jours prospères, ils mettaient tout leur cœur dans leur service, et ils ne l'en retiraient pas si l'adversité venait à visiter la maison. Redevenez ce trésor inestimable qui s'appelle le serviteur aimant, le fils de la famille, attaché comme le lierre à la maison.

Soyez surnaturels, c'est-à-dire voyez Dieu en ceux qui commandent, et que votre obéissance et votre dévouement soient un acte de foi. Étant hommes, rachetés par le sang de Jésus-Christ, vous êtes trop grands pour vous soumettre à d'autres hommes, vos semblables, uniquement parce qu'ils ont plus de fortune que vous, ou pour gagner un salaire modeste et périssable. Soyez avant tout les domestiques et les ouvriers de Dieu que vous verrez en vos maîtres : vous honorerez ainsi votre travail; vous vous rendrez dignes d'une récompense impérissable, vous obtiendrez la force de remplir vos austères devoirs. Oui, ces devoirs sont austères toujours, ils demandent du courage, quelquefois de l'héroïsme, surtout quand il s'agit de défendre votre foi, vos mœurs, votre probité!

Et ainsi, de vos maîtres à vous, de vous à vos maîtres, ce sera un perpétuel échange de services et de déférence, de confiance et de dévouement. Tout semble vous séparer, vous opposer même les uns aux autres, l'éducation, la richesse; mais il restera un lien sacré pour vous rapprocher et vous rendre solidaires : la charité.

D'autres cherchent ailleurs le secret de la régénération et de la vie. Ils ne l'y ont pas trouvé; ils ne l'y trouveront pas, et leurs expériences n'apporteront à la société que des déconvenues. Chrétiens qui m'écoutez, fils du même Dieu, rachetés par le sang du même Rédempteur, appelés aux mêmes destinées éternelles, seuls vous possédez ce secret, vous le possédez dans cette parole adorable que je vous laisse comme l'abrégé de ce discours : « Aimez-vous les uns les autres... Vous êtes tous un en Jésus-Christ. »

TABLE DES MATIÈRES

L'APATHIE DES CATHOLIQUES EN FRANCE
DANS LE TEMPS PRÉSENT

LE SENSUALISME CONTEMPORAIN

L'OR

RICHES ET PAUVRES

PATRONS ET OUVRIERS

MAITRES ET SERVITEURS

31 155. — Tours, impr. Mame.